ABRÉGÉ DE Géographie

Cours élémentaire

30 GRAVURES

LIBRAIRIE LAROUSSE

PRESQU'ILE DES BALKANS
après la dernière guerre, 1913.

Cinq peuples principaux habitent la péninsule des Balkans.

Ce sont : 1° les Albanais; 2° les Grecs; 3° les Roumains; 4° les Serbes; 5° les Bulgares.

Ces peuples n'étaient unis que par la religion orthodo... lorsqu'aux xiv° et xv° siècles ils furent vaincus par Turcs, nation musulmane venue d'Asie.

Longtemps soumises à la Turquie, les nationalités baniques ont, durant le xix° siècle, peu à peu recon... leur indépendance.

En 1829, la Grèce devient libre ;
En 1859, la Roumanie se constitue;
En 1878, la Serbie et le Monténégro, formés depuis le temps, deviennent indépendants; et, en 1908, la Bulg... est érigée en royaume.

A la suite de la révolution turque de 1908, de l'annex... de la Bosnie-Herzégovine par l'Autriche, et de l'ag... sion des Italiens contre la Turquie, quatre États ba... niques : la Grèce, la Bulgarie, la Serbie et le Mo... négro conclurent une alliance et, en 1912, essayèrent... refouler les Turcs hors d'Europe. Ils n'y réussirent complètement. Après une année d'efforts et une résista... acharnée, la Turquie se reconnut vaincue et céda l'... banie, la Macédoine et la Thrace; mais elle conse... Constantinople et les territoires environnants.

Une nouvelle guerre balkanique pour le partage provinces conquises, entre la Bulgarie d'une part, et, l'autre, ses anciens alliés appuyés par la Roumanie, p... mit à la Turquie de reprendre Andrinople. La Serbie la Grèce, victorieuses de la Bulgarie, prirent la me... leure part des conquêtes, et un nouvel État, l'Alban... fut créé.

Voici, après la signature des traités, la populat... approximative des États balkaniques :

		Accroissement :
Roumanie	7.600.000 h.	350.000 h.
Bulgarie	4.800.000 h.	430.000 h.
Serbie	4.650.000 h.	1.700.000 h.
Grèce	4.500.000 h.	1.300.000 h.
Monténégro	500.000 h.	150.000 h.
Albanie	2.000.000 h.	Cap. Durazzo.
Turquie d'Europe	1.900.000 h.	

Certaines questions n'ont pas encore été tranché... ainsi les Italiens occupent encore, dans le sud de la m... Égée, quelques îles de population entièrement grecque : *Dodécanèse*, groupe de 12 îles, dont *Rhodes* est la prin... pale (1914).

L'Armée française d'après la nouvelle loi militaire.

Tout Français ayant atteint l'âge de 19 ans révolus doit le service militaire pendant 28 années; soit : 3 ans dans l'armée active; 11 ans dans la réserve de l'armée active; 7 ans dans l'armée territoriale; 7 ans dans la réserve de l'armée territoriale.

L'armée de terre comprend :

Infanterie : 173 régiments de ligne; 31 bataillons de chasseurs à pied (dont 12 bataillons de chasseurs alpins); 12 régiments d'infanterie coloniale; 4 régiments de zouaves; 9 régiments de tirailleurs algériens; 2 régiments de légion étrangère; 3 compagnies des oasis sahariennes; 6 bataillons d'infanterie légère d'Afrique et des « sections spéciales » de discipline.

Cavalerie : 91 régiments (12 de cuirassiers, 32 de dr... gons, 21 de chasseurs, 14 de hussards, 6 de chasseu... d'Afrique, 6 de spahis).

Artillerie : 78 régiments (62 régiments montés, 9 rég... ments d'artillerie à pied, 5 régiments d'artillerie lourd... 2 régiments d'artillerie de montagne).

Génie : 11 régiments (dont 1 de chemin de fer) et 6 b... taillons formant corps.

Train des Équipages : 20 escadrons.

Plus 20 sections d'infirmiers et environ 26.000 gendarme...

En temps de paix, l'effectif des troupes s'élève 814.900 hommes. En temps de guerre il pourrait êt... porté à *4 millions d'hommes* environ.

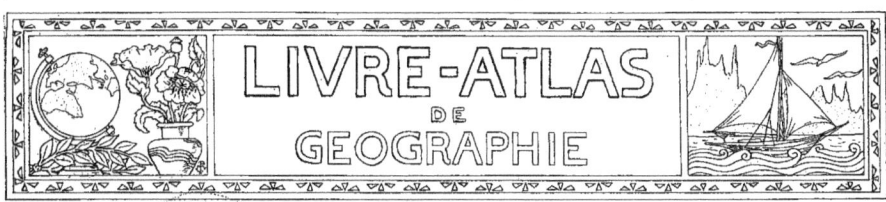

LIVRE-ATLAS DE GÉOGRAPHIE

NOTIONS PRÉLIMINAIRES

LECTURE. — UTILITÉ DE LA GÉOGRAPHIE

Vous connaissez, mes enfants, les environs de votre maison, de votre ville ou de votre village, les moindres ruisseaux vous en sont familiers. Vous avez admiré, en vous promenant, les récoltes de nos belles campagnes. Sans doute aussi, un jour, vous avez gravi des collines, des montagnes d'où la vue s'étend au loin sur le vaste monde.

Bien loin, bien par delà les grands horizons bleus, il existe encore d'autres pays, des villes et des villages, des montagnes et des fleuves que vous ignorez. D'autres hommes y parlent une autre langue; leurs coutumes, leurs mœurs sont différentes des nôtres; la terre elle-même, sous d'autres cieux, donne des productions qui vous sont inconnues.

Il serait très amusant, très intéressant surtout de parcourir le monde, afin de le connaître comme vous connaissez votre village et ses environs; mais ce serait bien long et bien difficile, la vie entière n'y suffirait pas. Il faut donc vous contenter des descriptions que donnent les géographies.

Le mot *géographie* signifie *description de la Terre*. Cette science est d'une grande utilité, puisqu'elle parle de tout ce qui se trouve sur la Terre, de ses richesses, de ses merveilles et des peuples qui l'habitent.

La *Géographie* est la description de la Terre.

TERMES GÉOGRAPHIQUES

1. *L'horizon*. — *Forme de la Terre*. — Placez-vous sur une colline, au milieu de la campagne, et regardez tout autour de vous : aussi loin que la vue peut s'étendre il semble que le ciel et la terre se touchent, se confondent en une ligne circulaire. Cette ligne, ce cercle, s'appelle l'*horizon*.

Ce n'est pas là le bout du monde : plus loin on découvre d'autres champs, d'autres villes, d'autres montagnes, et l'horizon recule à mesure qu'on avance.

En continuant d'aller toujours droit devant soi on arriverait, après un très long voyage, au même lieu d'où l'on était parti ; c'est qu'en effet la *Terre est ronde* comme une boule.

Voyez cette petite boule : une mouche s'y promène ; si elle va toujours tout droit devant elle, elle reviendra à son point de départ.

L'*horizon* est la ligne qui limite notre vue.
La *Terre* est ronde comme une boule ; elle a la forme d'une sphère, d'un globe.

2. *Les quatre points cardinaux*. — Le Soleil apparaît le matin en un point de l'horizon et disparaît le soir du côté opposé.

L'endroit où le Soleil paraît le matin s'appelle *levant*, *est* ou *orient*. Le côté opposé, où il disparaît le soir, se nomme *couchant*, *ouest* ou *occident*.

Quand on a le Soleil levant à sa droite, le couchant est

Les quatre points cardinaux.   Rose des vents.

à gauche, le *nord* ou *septentrion* est devant soi, le *sud* ou *midi* est derrière.

Entre ces quatre points cardinaux on place quatre autres points intermédiaires appelés *points collatéraux* : le *nord-est*, entre le nord et l'est ; le *nord-ouest*, entre le nord

---

1ᵉʳ Devoir (oral et écrit). — Compléter les phrases suivantes : 1. *La Géographie est.... L'horizon est.... La Terre est....; elle a la forme.... — 2. Les points cardinaux sont.... L'est se nomme encore.... l'ouest....; le nord....; le sud.... Les points collatéraux sont....*

et l'ouest; le *sud-est,* entre le sud et l'est; le *sud-ouest,* entre le sud et l'ouest.

La figure qui représente tous ces points se nomme *la rose des vents.*

L'*est,* l'*ouest,* le *nord* et le *sud* sont les quatre points cardinaux.

3. L'orientation. — Il est nécessaire aux voyageurs, et surtout aux marins, de *s'orienter,* c'est-à-dire de reconnaître la direction de l'orient et des autres points cardinaux.

Dans le jour, il est facile de s'orienter à l'aide du *Soleil,* pendant la nuit, l'*Étoile polaire* indique la direction du nord.

Boussole.

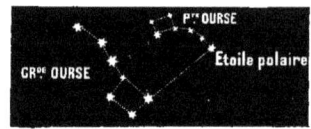
Étoile polaire.

Mais, lorsque le ciel est couvert de nuages et qu'on ne peut apercevoir ni le Soleil ni l'Étoile polaire, on s'oriente au moyen d'un instrument très précieux : la *boussole* ou *aiguille aimantée.* Cette aiguille, mobile sur un pivot, tourne toujours une de ses pointes vers le nord.

S'orienter, c'est reconnaître l'orient et les autres points cardinaux.

On s'oriente à l'aide du Soleil, de l'Étoile polaire ou de la boussole.

4. Représentation de la Terre. — Mappemonde. — Pour représenter la Terre, on se sert soit de *globes* ou *sphères,* mobiles sur un pied, soit de *cartes* planes, qui sont plus commodes.

Pour bien vous rendre compte de la représentation de la Terre sur une carte plane, figurez-vous qu'on a coupé

La Terre dans l'espace.

Sphère mobile sur pied.

le globe terrestre en deux parties, de haut en bas, comme vous coupez une orange, et qu'on a placé les deux demi-boules l'une à côté de l'autre en les aplatissant. (*V. page 4.*)

La carte qui représente ces deux demi-boules, ces deux demi-sphères, se nomme *planisphère* (sphère sur un plan) ou *mappemonde* (nappe du monde).

Pour représenter la Terre, on se sert de globes ou de cartes.

La *mappemonde* est une carte plane qui représente la surface du monde, c'est-à-dire de la Terre.

5. Orientation sur une carte. — Sur une carte qui représente la Terre ou une de ses parties, le *nord* est au haut, le *sud* au bas, l'*est* à droite, l'*ouest* à gauche.

6. Axe terrestre. — Pôles. — Équateur. — La Terre n'est pas immobile dans l'espace : elle tourne à la fois sur elle-même et autour du Soleil. Elle accomplit son mouvement sur

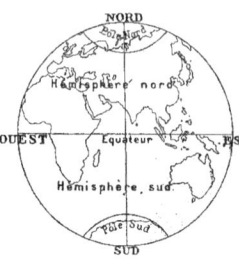
Orientation sur la carte.

elle-même autour d'une ligne imaginaire, qui passe par son centre, et que l'on nomme *axe terrestre.* Les deux extrémités de l'axe s'appellent *les pôles.* L'un est le *pôle nord,* l'autre le *pôle sud.*

Le grand cercle imaginaire qui entoure la Terre, comme une ceinture, à égale distance des deux pôles, se nomme *équateur* (ligne de partage égal).

L'équateur divise la Terre en deux *demi-sphères* ou *hémisphères :* l'*hémisphère nord* ou *boréal* (ainsi nommé de Borée le vent du nord), et l'*hémisphère sud* ou *austral* (d'Auster le vent du sud).

7. Mouvements de la Terre. — La Terre tourne sur elle-même en *un jour* ou *24 heures;* une moitié de sa surface est éclairée par le Soleil, tandis que l'autre moitié est plongée dans les ténèbres.

Ce mouvement de la Terre sur elle-même produit la succession des *jours* et des *nuits.*

La Terre tourne autour du Soleil en *un an* ou *365 jours et 6 heures.* Dans ce mouvement elle incline vers le Soleil tantôt le pôle nord,

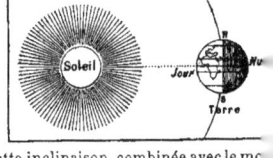

tantôt le pôle sud. Cette inclinaison, combinée avec le mouvement de la Terre autour du Soleil, donne lieu aux *saisons.*

La Terre a deux mouvements : 1° Un mouvement sur elle-même, qu'elle fait en vingt-quatre heures ; 2° Un mouvement autour du Soleil qu'elle effectue en un an.

2ᵉ Devoir. — 3. S'orienter, c'est.... On s'oriente le jour à l'aide....; la nuit.... La boussole est.... — 4. Les globes et les cartes servent à....; la mappemonde représente la..... — 5. Dans une carte le.... est en haut; le sud,....; l'est,....; l'ouest,.... — 3ᵉ Devoir. 6. La Terre tourne autour d'une ligne imaginaire nommée.... Les deux extrémités de l'axe s'appellent..... Celui qui est au nord nommé.....; l'autre..... L'équateur est....; il divise.... L'hémisphère nord est encore nommé....; l'hémisphère sud..... 7. La Terre tourne sur elle-même en....; autour du Soleil en.. Le printemps, l'été, l'automne et l'hiver sont.....

TERMES GÉOGRAPHIQUES.

8. Climats. — L'équateur se trouve dans la partie la plus chaude de la Terre, car c'est sur ce point que le Soleil darde directement ses rayons.

A mesure qu'on s'éloigne de l'équateur et qu'on s'avance vers les pôles, la chaleur diminue, parce que les rayons solaires tombent plus obliquement.

C'est donc à l'équateur qu'il fait le plus chaud, et aux pôles qu'il fait le plus froid. Les pays situés à égale distance du pôle et de l'équateur ont un climat tempéré.

D'après les différents climats, on divise la Terre en cinq bandes ou zones : la *zone torride*, de chaque côté de l'équateur ; les *deux zones glaciales*, aux deux pôles ; et les *deux zones tempérées*, entre la zone torride et les zones glaciales.

Des pôles à l'équateur on rencontre *cinq climats* : les deux glacials, les deux tempérés et l'équatorial.

TERRE DIVISÉE EN CINQ CLIMATS

ANIMAUX VIVANT SOUS CES CLIMATS

1. Baleine. — 2. Ours blanc. — 3. Renne. — 4. Phoque. — 5. Morse. — 6. Loup. — 7. Renard. — 8. Ours brun. — 9. Girafe. — 10. Lion. — 11. Tigre. — 12. Autruche. — 13. Rhinocéros — 14. Chameau. — 15. Éléphant. — 16 Panthère. — 17. Zèbre. — 18. Tortue de mer. — 19. Crocodile. — 20. Hippopotame. — 21. Boa. — 22. Condor. — 23. Lama. — 24. Oiseau-lyre. — 25. Kangourou géant. — 26. Kangourou rat. — 27. Aptéryx. — 28. Casoar. — 29. Cachalot. — 30. Pingouin. — 31. Manchot.

4ᵉ **Devoir.** — 8. *L'équateur se trouve..... La zone torride est située .... Les deux zones glaciales se trouvent aux ... ; les deux zones tempérées..... Les cinq climats sont..... Il fait le plus froid aux....; le plus chaud à....*

TERMES GÉOGRAPHIQUES.

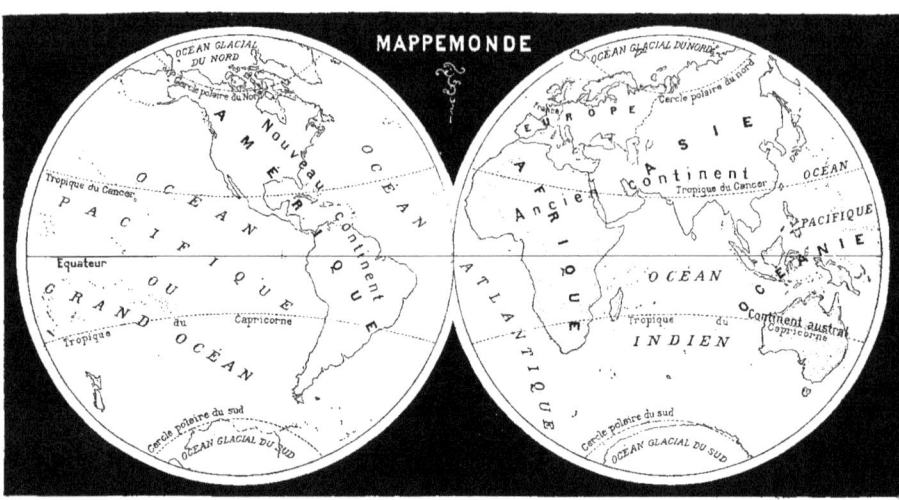

Hémisphère occidental.   Hémisphère oriental.

9. Terres. — Eaux. — Regardons la mappemonde ; nous voyons que la surface terrestre se compose de *terres* et d'*eaux*, et que les eaux occupent une étendue beaucoup plus grande que les terres.

Nous remarquons aussi que l'hémisphère boréal renferme plus de terres que l'hémisphère austral.

Les eaux couvrent les trois quarts de la surface du globe, et les terres un quart seulement.

10. Continents. — Iles. — Les terres présentent deux grandes masses distinctes que l'on appelle *continents* (terres qui se tiennent).

Les autres terres, plus petites que les continents et entourées par les eaux, sont des *îles*.

Le continent placé dans l'hémisphère oriental de la mappemonde se nomme l'*ancien continent* ou ancien monde. C'est le plus grand et le plus anciennement connu.

Le continent placé dans l'hémisphère occidental se nomme le *nouveau continent* ou nouveau monde. Il a été découvert par Christophe Colomb en 1492.

La grande île que l'on aperçoit au sud-est de *l'ancien continent* est considérée, à cause de son étendue, comme un troisième continent : le *continent austral*.

Un continent est une grande étendue de terres qu'on peut parcourir sans traverser la mer.

Une île est une terre moindre que le continent et entourée d'eau de tous côtés. Un groupe d'îles se nomme archipel.

Il y a trois continents : l'ancien continent, le nouveau continent et le continent austral.

11. Les cinq parties du monde. — Les continents se subdivisent, à leur tour, en cinq parties qu'on nomme *les cinq parties du monde*.

L'ancien continent comprend : l'*Europe*, l'*Asie* et l'*Afrique*.

Le nouveau continent se nomme l'*Amérique*.

Le continent austral et les îles qui l'environnent forment l'*Océanie* (terres au milieu de l'Océan).

Les cinq parties du monde sont : l'Europe, l'Asie, l'Afrique, l'Amérique et l'Océanie.

12. Les cinq océans. — La masse d'eau qui couvre les trois quarts de la surface du globe terrestre est salée et toujours en mouvement.

On la divise en *cinq océans* :

1° L'*océan Atlantique*, situé entre l'Europe et l'Afrique à l'est, l'Amérique à l'ouest ;

2° L'*océan Pacifique* ou *Grand Océan*, limité par l'Amérique à l'est, l'Asie et l'Océanie à l'ouest ;

3° L'*océan Indien*, entre l'Afrique et l'Océanie, au sud de l'Asie ;

4° L'*océan Glacial du nord* ou *Arctique*, voisin du pôle nord ;

5° L'*océan Glacial du sud* ou *Antarctique*, voisin du pôle sud.

Un océan est une grande masse d'eau salée.

Il y a cinq océans : l'océan Atlantique, l'océan Pacifique, l'océan Indien, l'océan Glacial du nord et l'océan Glacial du sud.

5ᵉ DEVOIR. — 9. *La surface terrestre se compose de*..... *Les eaux couvrent les*..... *et les terres*..... — 10. *Un continent est*..... *Une île est*..... *Les trois continents sont*..... — 11. *L'ancien continent comprend*..... *L'Amérique se nomme aussi*..... *Elle a été découverte par*..... *Le continent austral est formé par*..... — 6ᵉ DEVOIR. 12. *Les cinq océans sont*..... *L'océan Atlantique est situé entre*..... ; *l'océan Pacifique*,..... ; *l'océan Indien*,..... ; *l'océan Glacial du nord est voisin du*..... ; *l'océan Glacial du sud est voisin du*.....

TERMES GÉOGRAPHIQUES.

Les Terres et les Eaux représentées telles qu'on les voit.

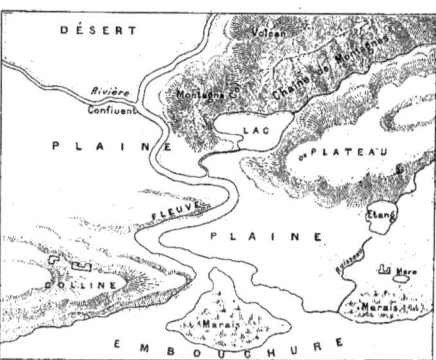

Les Terres et les Eaux représentées sur un plan ou une carte.

13. Le rivage, la côte ou le littoral. — Les bords des continents et des îles se nomment *rivage*, *côte* ou *littoral*.

Un rivage plat, qui touche à la mer par une pente douce, couverte de sable ou de galets (cailloux arrondis), se nomme *plage*.

Souvent la côte est bordée de rochers qui se dressent à pic au-dessus des flots, et que les vagues creusent et rongent sans cesse. Ce sont des *falaises*.

Les rochers à fleur d'eau se nomment *récifs*, *écueils* ou *brisants*. Afin d'éviter les périls qu'ils font courir aux navigateurs, on construit sur les côtes de grandes tours ou *phares* que l'on éclaire pendant la nuit.

14. Golfe, mer, détroit. — Si nous suivons le rivage des continents, nous remarquons que la ligne des côtes n'est pas régulière; parfois elle est droite, mais le plus souvent découpée, dentelée.

Ces découpures, ces enfoncements dans lesquels les eaux pénètrent dans l'intérieur des terres, portent, suivant leurs dimensions, les noms de *golfes*, *baies*, *rades*, *ports*.

Les ports et les rades offrent un abri aux navires. Lorsque le golfe est très large et s'avance profondément dans les terres, on le nomme mer intérieure ou simplement *mer*.

Ces mers communiquent, soit entre elles, soit avec l'Océan, par des passages resserrés entre deux terres appelés *détroits*.

15. Cap, presqu'île, isthme. — Les grandes pointes de terre qui s'avancent dans la mer se nomment *caps* ou *promontoires* (cap veut dire *tête*).

Les *presqu'îles* ou *péninsules* sont entourées d'eau de trois côtés; ce sont presque des îles.

La bande de terre qui relie une presqu'île au continent se nomme *isthme* (isthme signifie *cou*).

Un *golfe* est une partie de mer qui s'enfonce dans la terre.

Un *cap* est une pointe de terre qui s'avance dans la mer.

Une *presqu'île* est une étendue de terre entourée d'eau de trois côtés. C'est presque une île.

Un *détroit* est un bras de mer qui fait communiquer deux mers et qui sépare deux terres.

Un *isthme* est une bande de terre qui relie une presqu'île au continent.

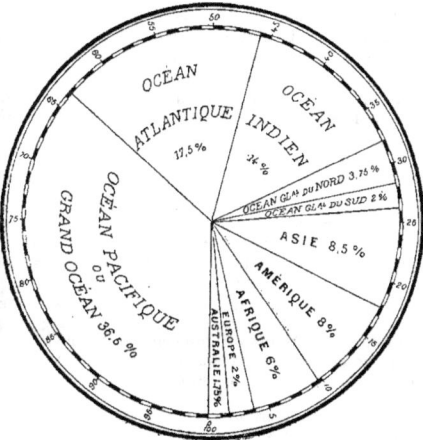

Grandeur comparée des Terres et des Eaux à la surface du globe.

7ᵉ DEVOIR. — 13. Le bord de la mer se nomme..... La plage est un rivage....; les rochers à fleur d'eau se nomment..... Les phares sont de..... qui servent à..... — 14. Un golfe est..... Les navires s'abritent dans les..... — 15. Un cap est..... Une presqu'île est..... Un détroit est..... qui fait communiquer..... et qui sépare..... Un isthme est.....

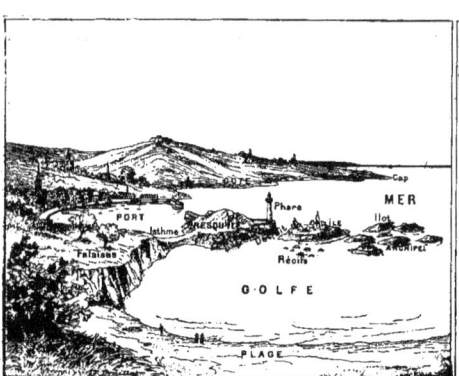
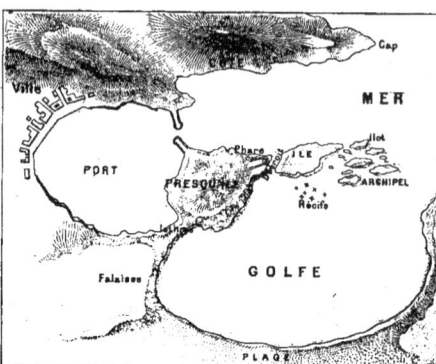

Les Terres et les Eaux représentées telles qu'on les voit.

Les Terres et les Eaux représentées sur un plan ou sur une carte.

16. Relief du sol. — Plaines et montagnes. — La surface des continents et des îles présente des *plaines*, des *plateaux* et des *montagnes* : c'est ce qu'on appelle le *relief du sol*. Les plaines, légèrement inclinées vers la mer, sont coupées par des ondulations du sol qu'on appelle *collines* et *coteaux*.

Certaines plaines sont fertiles et bien arrosées; d'autres, sans eau et sans végétation, sont arides, couvertes de sables et de pierres : c'est le *désert*.

Lorsque les montagnes sont groupées les unes autour des autres, et présentent une grande masse de terres élevées, elles forment un *massif*. Si elles sont rangées les unes à la suite des autres, elles forment une *chaîne de montagnes*.

Le bas de la montagne en est le *pied;* la partie la plus élevée, le *sommet*, le *faîte*, la *cime* ou la *crête*.

Certaines montagnes portent une ouverture en forme d'entonnoir, appelée *cratère*, d'où s'échappent des cendres, des laves, des tourbillons de feu et de fumée : ce sont des *volcans*.

La ligne de faîte d'une chaîne de montagnes n'a pas partout la même hauteur; souvent elle s'abaisse et forme des *passages*, des *cols* ou *défilés*.

Une *plaine* est un terrain plat, uni.
Un *désert* est une plaine aride, couverte de sables et de pierres.
Une *montagne* est une masse de terre élevée et rocheuse.
Une *colline* est une montagne peu élevée.
Un *coteau* est une petite colline.
Un *plateau* est un terrain élevé et plat.
Un *volcan* est une montagne qui se termine par une ouverture nommée *cratère*. De ce cratère s'échappent des flammes, des cendres et des laves.

17. Les cours d'eau. — L'endroit où commence un cours d'eau se nomme *source*. Cette source provient de la fonte des neiges ou des eaux de pluie.

Les cours d'eau sont d'abord de simples *ruisseaux*; on les nomme *torrents* lorsqu'ils coulent très vite. Ces ruisseaux et ces torrents deviennent des *rivières* en mêlant leurs eaux; les rivières, par leur réunion, forment de grands cours d'eau qu'on appelle *fleuves*.

Les fleuves et certaines rivières versent leurs eaux dans la mer par une ou plusieurs *bouches* ou *embouchures*. Quand cette embouchure est large et évasée, on la nomme *estuaire*. Le pays situé entre les bras du fleuve et la mer s'appelle *delta*.

Les deux bords d'un cours d'eau se nomment les *rives*. Si l'on descend le courant, à sa droite on a la *rive droite*, et, à sa gauche, la *rive gauche*.

L'endroit où deux cours d'eau se réunissent se nomme le *confluent*, et le plus petit est l'*affluent* du plus grand.

Lorsque le lit d'un ruisseau, d'une rivière, d'un fleuve se trouve coupé par un précipice, l'eau forme en tombant une *chute*, une *cascade* ou une *cataracte*.

Parfois le fleuve ou la rivière remplit un creux profond et forme une grande étendue d'eau qu'on appelle *lac*. Le cours d'eau déborde ensuite par la rive la plus basse et continue sa route vers la mer.

Un *fleuve* est un grand cours d'eau qui se jette dans la mer. Une *rivière* est un cours d'eau qui se jette dans un fleuve ou dans une autre rivière.

Un *lac* est un grand amas d'eau au milieu des terres. Un *étang* est un petit lac alimenté par un ruisseau.

On appelle *marais* et *mare* un amas d'eau peu profonde et stagnante.

8ᵉ Devoir. — 16. *On voit sur la surface des continents des..... Une plaine est..... Un désert est..... Une montagne est..... Les montagnes rangées les unes à la suite des autres forment..... Un volcan est..... L'ouverture d'un volcan se nomme......* — 9ᵉ Devoir. — 17. *Un fleuve est..... La source est l'endroit où.....; l'embouchure est..... Le confluent est l'endroit où deux.....; le plus petit est..... du plus grand. Si l'on descend le courant, à sa droite on a..... et à sa gauche..... Une rivière est..... Un lac est.....*

TERMES GÉOGRAPHIQUES.

APPLIQUÉS A LA FRANCE

1. Mers. — La France est baignée par quatre mers : la *mer du Nord* et la *Manche*, au nord ; l'*océan Atlantique*, à l'ouest ; la *Méditerranée*, au sud.

2. Golfes. — La Manche forme le *golfe de Saint-Malo* et la *baie de la Seine* ; l'océan Atlantique, le *golfe de Gascogne* ; la Méditerranée, le *golfe du Lion*.

3. Rades et Ports. — La *rade de Brest*, sur l'océan Atlantique, pourrait abriter tous nos navires de guerre ; la *rade d'Hyères*, dans la Méditerranée, sert souvent de refuge à nos vaisseaux cuirassés. Nos grands ports marchands sont : *Dunkerque*, sur la mer du Nord ; *Le Havre*, sur la Manche ; *Bordeaux*, sur l'océan Atlantique ; *Marseille*, sur la Méditerranée.

4. Détroits. — Le *Pas de Calais* fait communiquer la mer du Nord et la Manche.

5. Caps. — Le cap de *la Hague* se dresse sur le littoral de la Manche ; le cap *Saint-Mathieu* s'avance à l'ouest, entre la Manche et l'océan Atlantique.

6. Presqu'îles. — La France n'offre que deux grandes presqu'îles : le *Cotentin* et la *Bretagne*.

7. Îles. — Les *îles de la Manche* (anglo-normandes) n'appartiennent pas à la France. Nos principales îles de l'océan Atlantique sont : *Belle-Île*, *Noirmoutier*, *Ré* et *Oléron*. La *Corse*, dans la Méditerranée, est notre plus grande île en Europe.

8. Plaines. — Le nord et l'ouest de la France for-

FRANCE. — Les termes géographiques. (*Exercice cartographique.*)

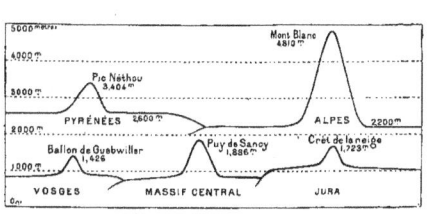

Hauteur moyenne et points culminants des chaînes de montagnes situées à l'intérieur ou aux frontières de la France.

ment de grandes plaines : *plaine du Nord*, *plaine du Centre*, *plaine des Landes*. La *plaine du Languedoc*, au sud, est baignée par la Méditerranée.

9. Montagnes. — Au centre de notre pays s'élève le *massif Central*, avec les *monts d'Auvergne* et les *Cévennes*. Au nord-est, les *Vosges* bordent le *plateau de Lorraine*. A l'est s'allonge la *chaîne du Jura*. Au sud-est, les *Alpes* couvrent une grande étendue de pays. Au sud se dresse la haute muraille des *Pyrénées*.

10. Collines. — Les plaines de l'Ouest sont sillonnées par les *Collines de Normandie*, de *Bretagne* et du *Poitou*.

11. Fleuves. — La France est arrosée par quatre grands fleuves : la *Seine* a pour principal affluent la *Marne* ; la *Loire* est grossie de l'*Allier* ; la *Garonne* reçoit la *Dordogne* et forme l'estuaire de la *Gironde* ; le *Rhône* traverse le *lac de Genève*, reçoit la *Saône*, et forme à son embouchure le *delta de la Camargue*.

10ᵉ DEVOIR. — 1. *La France est baignée par*..... — 2. *La Manche forme*..... ; *l'océan Atlantique*.... ; *la Méditerranée*..... — 3. *Nos navires de guerre s'abritent dans*..... *Nos grands ports marchands sont*..... — 4. *La mer du Nord et la Manche communiquent par*..... — 5. *Le cap de la Hague est à l'extrémité du*..... ; *le cap Saint-Mathieu a l'extrémité de la*..... — 6. *Les deux grandes presqu'îles de la France sont*..... — 7. *Les principales îles de la France sont*.....

11ᵉ DEVOIR. — 8. *Les plaines de la France sont*..... — 9. *La France est séparée de l'Italie par*...., *de la Suisse par*...., *de l'Espagne par*.... *Au centre de notre pays s'élève le*.... *avec les monts*.... *et les*.... *Les Vosges bordent le*..... — 10. *Les plaines de l'Ouest sont sillonnées par les*..... — 11. *Les quatre grands fleuves de la France sont*..... *La Seine a pour affluent la*....; *la Loire a*....; *la Garonne a*.....; *le Rhône a*.....; *il forme à son embouchure*....

DANS LE NORD DE L'EUROPE.

EUROPE PHYSIQUE

L'Europe occupe le nord-ouest de l'ancien continent; c'est la plus petite des cinq parties du monde.

1. Limites. — L'Europe est bornée : au nord, par l'*océan Glacial du nord*; à l'ouest, par l'*océan Atlantique*; au sud, par la *Méditerranée*, la mer *Noire* et les monts *Caucase*. La mer *Caspienne*, le fleuve *Oural* et les monts *Ourals* forment ses limites à l'est.

2. Caps. — Au nord, s'avance le cap *Nord*; à l'ouest, le cap *Saint-Vincent*; au sud, le cap *Matapan*.

3. Mers et Golfes. — Les côtes de l'Europe sont très découpées et les mers qui les baignent pénètrent fort avant dans les terres.

L'OCÉAN GLACIAL forme la mer *Blanche*.

L'OCÉAN ATLANTIQUE forme : la mer *Baltique* avec le golfe de *Finlande*; la mer du *Nord*; la *Manche*, et le golfe de *Gascogne*.

La MER MÉDITERRANÉE forme les golfes du *Lion* et de *Gênes*, la mer *Adriatique* et l'*Archipel*.

La MER NOIRE forme la mer d'*Azov*.

4. Détroits. — La mer Baltique communique avec la mer du Nord par le détroit du *Sund*. De la mer du Nord on passe dans la Manche par le *Pas de Calais*.

Le détroit de *Gibraltar* fait communiquer l'océan Atlantique avec la Méditerranée.

De la Méditerranée on va dans la mer Noire en passant par le détroit des *Dardanelles*, la mer de *Marmara* et le *Bosphore*.

5. Îles. — De nombreuses îles dépendent du continent européen.

Dans l'océan Atlantique on distingue au loin, vers le nord-ouest, une grande île glacée : l'*Islande*. Plus au sud les îles *Britanniques* composées de la *Grande-Bretagne* (Angleterre et Écosse) et de l'*Irlande*.

La Méditerranée renferme, dans sa partie occidentale, les îles *Baléares*, la *Corse* et la *Sardaigne*; dans sa partie orientale, les nombreuses îles de l'*Archipel*, dont la *Crète* est la principale. Au centre, la *Sicile* partage la Méditerranée en deux grands bassins.

6. Presqu'îles. — Les côtes irrégulières de l'Europe présentent de grandes presqu'îles ou péninsules. Au nord, la péninsule *Scandinave* (Suède et Norvège) s'allonge entre l'océan Atlantique et la mer Baltique. En face, le *Jutland* (en Danemark) sépare la mer Baltique de la mer du Nord.

Au sud-ouest, entre l'océan Atlantique et la Méditerranée, la péninsule *Ibérique* (Espagne et Portugal) présente une masse carrée; au sud, dans la Méditerranée, la péninsule *Italique* (Italie) a la forme d'une botte; au sud-est, la grande presqu'île des *Balkans* se termine par la *Morée* (en Grèce); la presqu'île de *Crimée* (en Russie) s'avance entre la mer Noire et la mer d'Azov.

7. Plaines et Montagnes. — Le nord et l'est de l'Europe présentent de grandes plaines; le sud, au contraire, est très montagneux.

Les *Alpes* forment un massif montagneux très important. Elles atteignent 4.810 mètres au *mont Blanc*, sommet le plus élevé de l'Europe centrale. Des neiges éternelles, des glaciers couvrent les cimes de ces montagnes et servent de réservoirs aux fleuves qui en descendent.

12ᵉ DEVOIR. — *L'Europe est située au.....; c'est la plus..... — 1. Elle est bornée au nord.....; à l'ouest.....; au sud....; à l'est..... — 2. Les points extrêmes sont..... — 3. L'océan Glacial forme.....; l'océan Atlantique.....; la Méditerranée.....; la mer Noire..... — 4. Le Sund fait communiquer....; le Pas de Calais.....; le détroit de Gibraltar..... La Méditerranée communique avec la mer Noire par.....*

13ᵉ DEVOIR. — 5. *Les îles de l'Europe répandues dans l'océan Atlantique sont....; dans la Méditerranée..... — 6. Les presqu'îles du nord sont....; celles du sud.... La péninsule Scandinave comprend..... Le Jutland est en.....; la Morée en.....; la Crimée en..... — 7. Les grandes plaines de l'Europe sont....; les montagnes..... Les Alpes forment un..... Le mont Blanc a..... de hauteur.*

EUROPE.

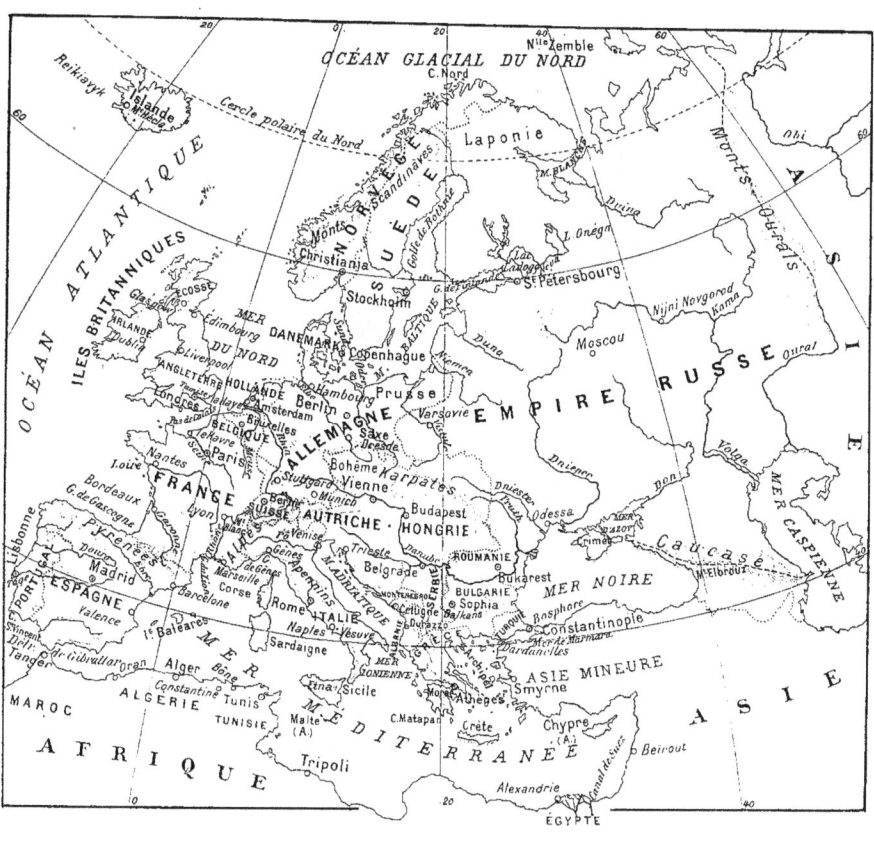

CARTE D'EUROPE.

À l'ouest des Alpes s'élèvent le *Massif central de France* (V. page 7) et les *Pyrénées*; à l'est, les *Karpates* et les *Balkans*; au nord, le *Jura*, les *Vosges* et le *Plateau de Bohême*; au sud, les *Apennins* ou « petites Alpes ». Aux confins de l'Europe se trouvent les *monts Scandinaves*, les *monts Ourals* et le *Caucase*.

8. Volcans. — L'Europe possède aussi quelques volcans : le mont *Hécla* en Islande, le mont *Vésuve* en Italie, le mont *Etna* en Sicile.

9. Fleuves. — Les cours d'eau qui descendent de ces différentes chaînes de montagnes suivent deux pentes.

Les uns se dirigent vers le nord et l'ouest pour se rendre dans l'océan Atlantique et les mers qui en dépendent; les autres coulent au sud, dans la Méditerranée, la mer Noire et la mer Caspienne.

Au nord : le *Niémen*, la *Vistule* et l'*Oder* se rendent dans la mer Baltique; l'*Elbe*, le *Rhin*, la *Meuse* et la *Tamise* dans la mer du Nord.

À l'ouest : la *Seine* se jette dans la Manche; la *Loire*, la *Garonne* et le *Tage* s'écoulent dans l'Atlantique.

Au sud : la Méditerranée reçoit l'*Èbre* et le *Rhône*; le *Pô* coule dans la mer Adriatique; le *Danube*, le *Dniester* et le *Dnieper* dans la mer Noire; le *Don* dans la mer d'Azov; le *Volga* et l'*Oural* dans la mer Caspienne.

1ᵉʳ DEVOIR. — *Les montagnes à l'ouest des Alpes sont......; à l'est ...... au nord...... ou sud...... — 8. Les trois volcans en activité sont......; — 9. Les fleuves coulent les uns vers......; les autres vers...... La Manche reçoit......; la mer du Nord......; la mer Baltique......; l'océan Atlantique......; la Méditerranée......; la mer Noire......; la mer Caspienne......*

EUROPE.

DANS LE CENTRE DE L'EUROPE.

Lecture.

Le climat de l'Europe est tempéré; les chaleurs et les froids n'y sont jamais extrêmes.

Les pays voisins de la Méditerranée jouissent d'un climat chaud.

L'Islande et la Laponie (nord de la Scandinavie) ont la température des contrées polaires. On y trouve le renne, l'ours blanc, le cygne et l'eider.

Les Alpes ont l'aigle, la marmotte et le chamois.

L'ours brun et le loup vivent dans les hautes montagnes et les grandes forêts de l'Est.

EUROPE POLITIQUE

L'Europe peut être partagée en trois régions naturelles : la région septentrionale, la région centrale, la région méridionale. Chacune de ces régions comprend plusieurs États, qui diffèrent les uns des autres par les mœurs et le langage.

ÉTATS DU NORD

1. Les **Îles Britanniques** (46 millions d'hab.) se composent de la *Grande-Bretagne*, de l'*Irlande* et de quelques petits archipels.

La Grande-Bretagne se divise en *Angleterre* au sud et en *Écosse* au nord.

Londres, capitale de l'Angleterre, s'élève sur la Tamise. C'est le premier port du monde et la ville la plus peuplée du globe (4.834.000 hab.).

Liverpool, le plus grand port après Londres, est la seconde ville de l'Angleterre.

La Grande-Bretagne tient le premier rang pour la production de la houille, le commerce, l'industrie, la marine.

2. Le petit royaume de **Danemark** (2.800.000 hab.) comprend le *Jutland* et l'*Archipel danois*.

Il a pour capitale Copenhague, dans l'île Seeland.

3. La *Scandinavie* forme deux royaumes distincts : la **Suède** (5.600.000 hab.) et la **Norvège** (2.400.000 hab.)

La Norvège, dont les côtes sont découpées par des golfes ou fiords, est montagneuse. La Suède est formée de plaines couvertes de prairies et d'immenses forêts.

Stockholm est la capitale et le premier port de la Suède.

Christiania, au fond d'un fiord, est la capitale de la Norvège.

4. La **Russie** *d'Europe* (136 millions d'hab.), appelée encore l'*Empire du Nord*, est une immense plaine inculte au nord, fertile en céréales au centre.

Sa capitale est Saint-Pétersbourg (1.900.000 hab.), sur la Néva. *Moscou*, l'ancienne capitale, est située au centre de l'empire. *Odessa*, sur la mer Noire, en est le port principal.

La Suède, la Norvège, exportent des bois de construction; la Russie, des céréales, des fourrures.

ÉTATS DU CENTRE

5. La **France** (39.600.000 hab.) est une des contrées les plus fertiles de l'Europe; ses productions sont très variées.

Sa capitale, Paris (2.888.000 hab.), sur les deux rives de la Seine, est la plus belle ville du monde.

Lyon, au confluent du Rhône et de la Saône, est une ville industrielle. *Marseille*, près des bouches du Rhône; *Le Havre*, l'embouchure de la Seine; *Bordeaux*, sur la Garonne; *Nantes*, sur la Loire, sont nos grands ports marchands.

6. La république **Suisse** (3.765.000 hab.) occupe au centre de l'Europe un territoire peu étendu.

Les étrangers s'y portent en foule pour contempler ses hautes montagnes, ses glaciers, ses beaux lacs.

Sa capitale est Berne. Ville principale, *Genève*.

7. Le royaume de **Belgique** (7.450.000 hab.) est situé au nord de la France.

Sa capitale, Bruxelles, a 675.000 hab. *Anvers*, sur l'Escaut, est le port principal.

La Belgique a d'importantes mines de houille et beaucoup d'usines.

15ᵉ Devoir. — 1. *Les îles Britanniques se composent de.....; la capitale est....; la seconde ville est..... — 2. Le Danemark comprend ....; sa capitale est..... — 3. La Scandinavie forme les royaumes de....; ..... est la capitale de la Suède;..... de la Norvège. —*

16ᵉ Devoir. 4. *La Russie est une.....; la capitale est..... Odessa est le..... — 5. Les principaux ports de la France sont..... — 6. Au centre de l'Europe est la....., capitale..... — 7. A~ ~ord de la France est la....., capitale.....*

EUROPE.

DANS LE MIDI DE L'EUROPE.

8. La **Hollande** ou **Pays-Bas** (6.115.000 hab.) a pour capitale AMSTERDAM.

LA HAYE est la résidence du roi. *Rotterdam*, un port important sur la Meuse.

9. L'**Allemagne** (66.850.000 hab.) est montagneuse au sud, plate et sablonneuse dans le nord.
L'empire allemand comprend plusieurs États :
La *Prusse*, capitale BERLIN (2.600.000 hab.), sur la Sprée
La *Saxe*, capitale DRESDE, sur l'Elbe;
La *Bavière*, capitale MUNICH;
Le *Wurtemberg*, capitale STUTTGART;
Le *grand-duché de Bade*, capitale KARLSRUHE;
L'*Alsace-Lorraine*, arrachée à la France avec Strasbourg et Metz.
Hambourg, sur l'Elbe, est le premier port de l'empire.
L'Allemagne rivalise avec l'Angleterre pour le commerce et l'industrie.

10. L'empire d'**Autriche-Hongrie** (51 millions d'hab.) a pour cap. VIENNE (2.100.000 hab.), sur le Danube.
BUDAPEST, sur le même fleuve, est la capitale de la Hongrie.
Trieste, sur l'Adriatique, est un port commerçant.
L'agriculture, l'élevage des bestiaux sont la principale richesse de l'Autriche-Hongrie.

ÉTATS DU SUD

11. La *péninsule Ibérique* renferme deux États : l'**Espagne** (20 millions d'hab.) et le **Portugal** (6.000.000 hab.).
MADRID, capitale de l'Espagne, est au centre du royaume.
Barcelone et *Valence*, sur la Méditerranée, sont les deux ports les plus importants.
LISBONNE, à l'embouchure du Tage, est la capitale de la république portugaise.

12. L'**Italie** (35.800.000 hab.), au sud des Alpes, a pour capitale ROME (545.000 hab.), sur le Tibre.
Naples, au fond d'une baie superbe et au pied du Vésuve, est la ville la plus peuplée du royaume (680.000 hab.).
L'Italie a un beau climat et un ciel admirable.

13. La *péninsule des Balkans* comprend plusieurs États :
1. Le royaume de **Roumanie** (7.600.000 hab.), riche en céréales, capitale BUKAREST.
2. Le royaume de **Serbie** (4.650.000 hab.), capitale BELGRADE, sur le Danube.
3. Le royaume de **Bulgarie** (4.800.000 hab.), capitale SOPHIA.
4. Le petit royaume du **Monténégro** [montagnes noires] (400.000 hab.), capitale CETTIGNE, bourgade de 5.650 hab.
5. Le royaume d'**Albanie** (2.000.000 d'hab.), capitale DURAZZO, créé en 1914.
6. La **Turquie d'Europe** (1.900.000 hab.), capitale CONSTANTINOPLE (1.200.000 hab.), sur le Bosphore.
7. La **Grèce** (4.500.000 hab.), capitale ATHÈNES. V. p. *Salonique*.
Les États de la région méridionale (Espagne, Portugal, Italie) produisent de la soie, de l'huile d'olive, des vins et les fruits du Midi : raisins, figues, amandes, oranges, citrons, grenades.

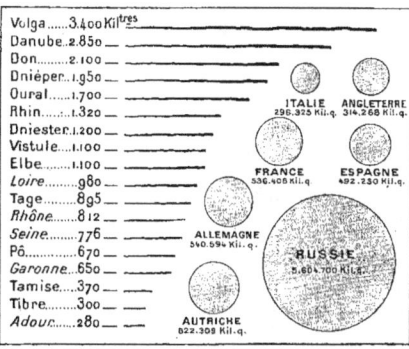

Longueurs comparées des fleuves d'Europe et surfaces comparées des sept principales puissances de l'Europe.

17ᵉ DEVOIR. — 8. *Amsterdam est la capitale de*. . . . — 9. *Les États de l'Allemagne sont : la Prusse, capitale*. . . . . *; la Saxe, capitale*. . . . . *; la Bavière*. . . . *; le Wurtemberg*. . . . . — 10. *Les villes principales de l'Autriche sont*. . . . . . — 11. *Les ports les plus importants de l'Espagne sont*. . . . . *; Lisbonne est*. . . . . — 18ᵉ DEVOIR. — 12. *Rome est*. . . . . *; Naples est*. . . . — 13. *La péninsule des Balkans comprend : la Roumanie, capitale*. . . . *; la Serbie, capitale*. . . . . *; la Turquie, capitale*. . . . *; la Grèce, capitale*. . . . *Les États du sud produisent*. . . . .

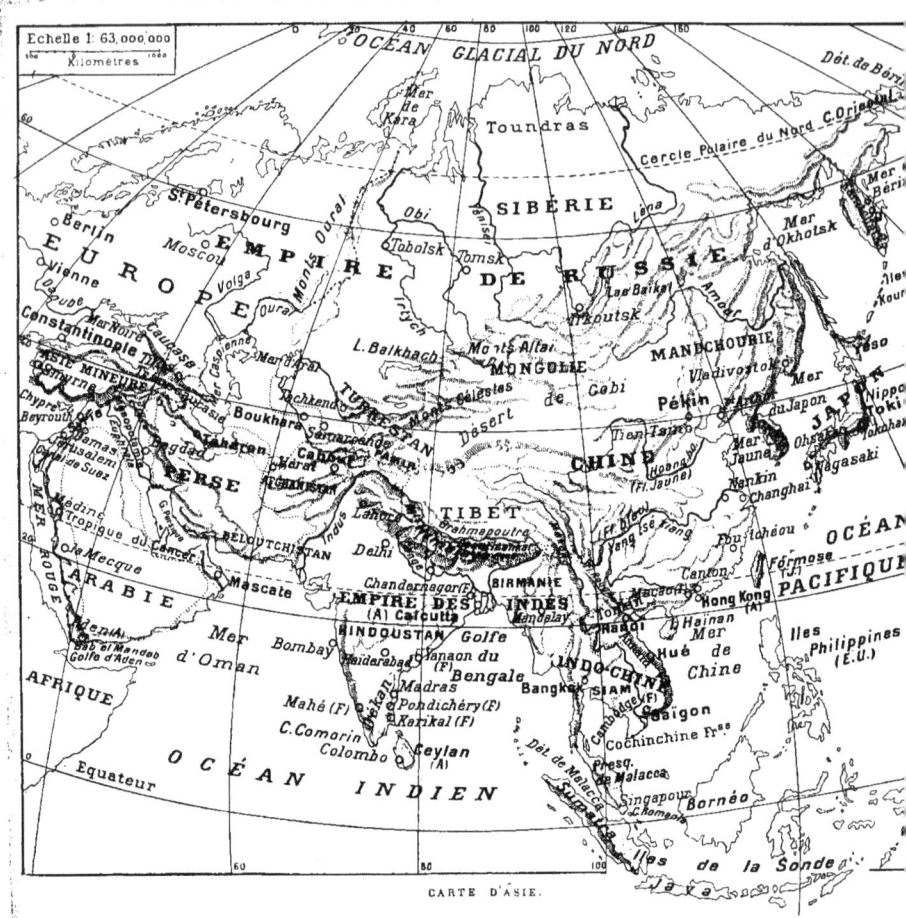

CARTE D'ASIE.

ASIE PHYSIQUE.

1. Situation. — L'*Asie* forme la partie orientale de l'ancien continent; c'est la plus grande des cinq parties du monde.

2. Bornes. — L'*Asie* est bornée : au nord, par l'*océan glacial du Nord*; à l'est, par l'*océan Pacifique*; au sud, par l'*océan Indien*; à l'ouest, elle se rattache à l'*Afrique* et à l'*Europe*.

3. Mers et Golfes. — Ses côtes sont très découpées et présentent un grand nombre de golfes et de presqu'îles.
L'*océan Pacifique* forme la mer de *Béring*, la mer d'*Okhotsk*, la mer du *Japon*, la mer *Jaune* et la mer de *Chine*.
L'*océan Indien* forme le golfe du *Bengale*, la mer d'*Oman*, le golfe *Persique* et la mer *Rouge*.

4. Détroits. — L'océan Glacial communique a l'océan Pacifique par le détroit de *Béring*; l'océan Pa que avec l'océan Indien par le détroit de *Malacca*; l'oc Indien avec la mer Rouge par le détroit de *Bab-el-Man* la mer Rouge avec la Méditerranée par le *canal de Sue*

5. Presqu'îles. — L'Asie a deux presqu'îles à l'e le *Kamtchatka* et la *Corée*; trois au sud : l'*Indo-Chine*, minée par la presqu'île de *Malacca*; l'*Inde* ou *Hindou* et l'*Arabie*; une autre presqu'île à l'ouest : l'*Asie Mine*

6. Caps. — Les points extrêmes de ce continent so le cap *Oriental*, au nord-est; le cap *Romania*, au sud d presqu'île de Malacca; le cap *Comorin*, au sud de l'In

---

19° Devoir. — 1. *L'Asie est quatre fois.....* — 2. *Elle est bornée au nord.....; à l'est....., au sud.....;* — 3. *L'océan Pacifique forme....;* *l'océan Indien..... —* 4. *Le détroit de Béring fait communiquer.....* *avec....; le détroit de Malacca.....; le canal de Suez....* 5. *Les presqu'îles de l'Asie sont : à l'est.....; au sud.....* *l'ouest..... —* 6. *Les points extrêmes sont.....*

ASIE.

EN ASIE.

7. Iles. — On remarque dans l'océan Pacifique : l'archipel *Japonais*, l'île *Formose* au Japon, et *Haïnan*, à la Chine; *Ceylan*, au sud de l'Inde, appartient aux Anglais.

8. Relief du sol. — Le centre de l'Asie est couvert par les immenses plateaux du *Tibet* et de *Pamir*, bordés au nord par les monts *Célestes* et *Altaï*; au sud par les monts *Himalaya*, qui ont le plus haut sommet du globe, le *Gaurisankar* (8.840 mètres).

Au nord de ce grand plateau Central s'étendent les plaines glacées de la Sibérie.

9. Fleuves. — Les fleuves qui arrosent l'Asie suivent trois pentes générales et se déversent dans l'océan Glacial du nord, l'océan Pacifique et l'océan Indien.

L'*Obi*, l'*Yénisséi* et la *Léna* se dirigent vers le nord.

L'*Amour*, le *Hoang-ho* (fleuve Jaune), le *Yan-tsé-Kiang* (fleuve Bleu), se rendent dans l'océan Pacifique, le *Cambodge* ou *Mekong* dans la mer de Chine.

Le *Brahmapoutre* et le *Gange* finissent dans le golfe de Bengale. Le *Sind* ou *Indus* se jette dans le golfe d'Oman. Le *Tigre* et l'*Euphrate* arrosent la Mésopotamie, et s'écoulent dans le golfe Persique.

ASIE POLITIQUE

10. L'Asie, la plus peuplée des cinq parties du monde, renferme plus de 800 millions d'habitants.

11. Les Russes, les Turcs, les Anglais et les Français ont, en Asie, de vastes possessions.

12. La *Russie d'Asie* comprend un territoire plus grand que l'Europe : la **Sibérie**, capitale IRKOUSTK; le **Turkestan**, capit. TACHKEND; la *Transcaucasie*, capit. TIFLIS.

13. La *Turquie d'Asie* se compose : de l'**Asie Mineure**, capitale SMYRNE, port sur l'Archipel; de la *Syrie*, v. pr. *Damas* et *Jérusalem*; de la *Mésopotamie*, des côtes de l'**Arabie** où s'élève LA MECQUE, ville sainte des Mahométans.

14. Les *Anglais* possèdent l'**Inde**, cap DELHI; villes principales : *Calcutta*, *Madras* et *Bombay*; la **Birmanie**, capitale RANGOUN, et le sud de la *presqu'île de Malacca*, avec le port de *Singapour*. Le **Béloutchistan** et l'**Afghanistan** se trouvent sous leur influence.

15. La *France* possède, dans l'**Indo-Chine** : la *Cochinchine*, capitale SAÏGON, et le *Tonkin*, capitale HANOÏ. Elle a sous son protectorat : le *Cambodge*; l'*empire d'Annam*, capitale HUÉ.

Nous avons encore, dans l'**Hindoustan**, *cinq* comptoirs de commerce dont *Pondichéry* est le chef-lieu.

ÉTATS INDÉPENDANTS

16. La **Perse**, capitale TÉHÉRAN.

17. Le **royaume de Siam**, capitale BANGKOK.

18. La **Chine** (330 millions d'hab.), capitale PÉKIN, s'est érigée en République. Ses ports principaux sont : *Changhaï* et *Canton*.

19. Le **Japon** (50 millions d'habitants), capitale TOKIO, avec *Yokohama* comme port le plus important.

Lecture.

Population. — Les habitants de l'Asie appartiennent à deux races : les hommes jaunes peuplent la Chine, le Japon et une partie des Indes; la race blanche occupe le reste du continent.

Climats et productions. — L'Asie s'étend de l'équateur au pôle; aussi a-t-elle tous les climats.

La zone équatoriale produit la canne à sucre, le riz, le café, le coton, les épices. La Chine exporte le thé et la soie; l'Inde fournit l'indigo et le blé.

Animaux. — Les jungles de l'Inde et de l'Indo-Chine (vastes espaces couverts d'arbres, de hautes herbes et de roseaux) sont peuplées de tigres, d'éléphants, de rhinocéros, de buffles, de singes et de serpents. Le Gange est infesté de crocodiles. Le cheval et le chameau sont originaires de l'Arabie.

Dans les plaines froides de Sibérie vivent de nombreux animaux à fourrure : la zibeline, le renard argenté, le renard bleu, le petit-gris, l'ours, etc.

20ᵉ DEVOIR. — 7. *Les îles de l'Asie sont*..... — 8. *Le Thibet et le Pamir sont situés au*..... *Le Gaurisankar est le*..... — 9. *Les fleuves qui se rendent dans l'océan Indien sont*..... — 10-12. *Les Russes possèdent en Asie*..... — 13. *La Turquie d'Asie se compose de*..... — 14. *Les Anglais possèdent*..... — 15. *Les possessions françaises en Asie sont*.....

— 21ᵉ DEVOIR. — 16. *La capitale de la Perse est*..... — 17. *La capitale du royaume de Siam est*..... — 18. *Pékin est*..... — 19. *Tokio est*..... *Le port important du Japon est*..... *Les habitants de la Chine, du Japon et des Indes appartiennent à la*..... *La Chine exporte*..... *L'Inde produit*..... *L'Inde et l'Indo-Chine sont peuplées de*.....

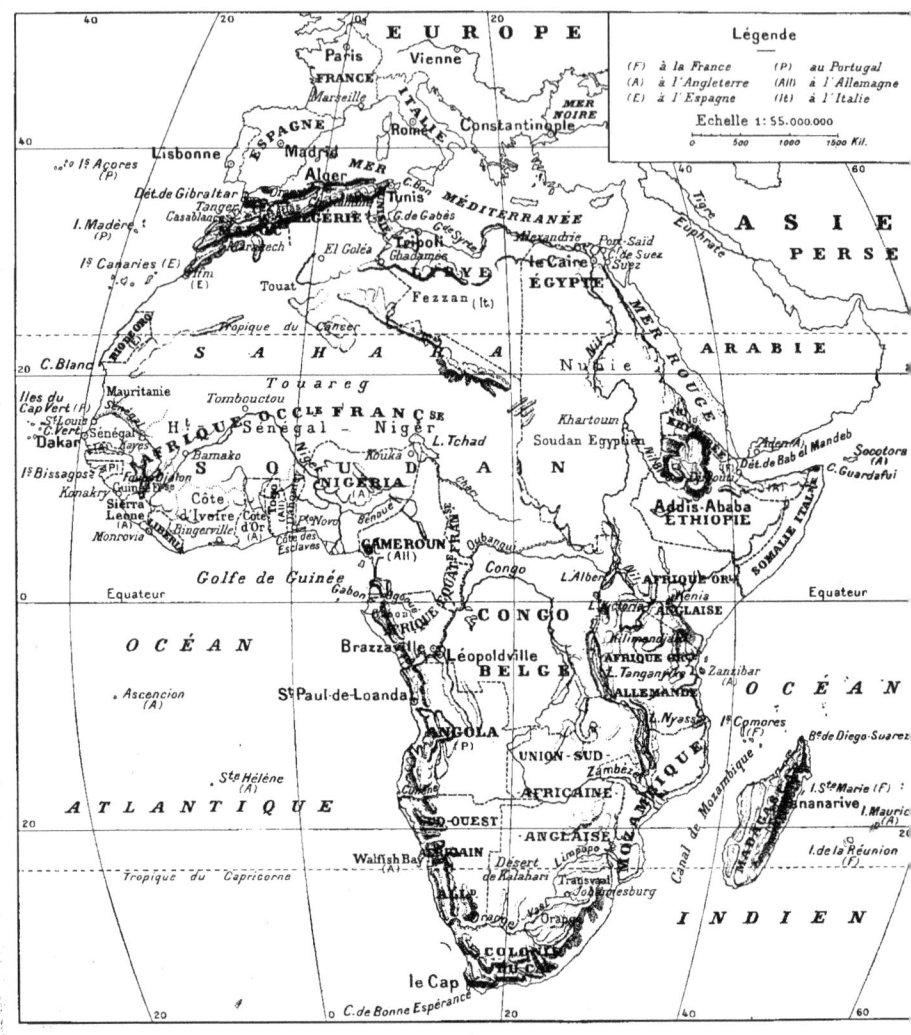

, CARTE D'AFRIQUE.

AFRIQUE PHYSIQUE

1. Situation. — L'*Afrique* est trois fois plus grande que l'Europe. C'est une immense presqu'île qui s'étend entre la mer *Méditerranée* au nord, l'océan *Atlantique* à l'ouest, l'océan *Indien* et la mer *Rouge* à l'est.

2. Caps. — Les points extrêmes du continent africain sont : au nord, le cap *Bon* ; à l'ouest, le cap *Vert* ; à l'est, le cap *Guardafui* ; au sud, le cap de *Bonne-Espérance*.

3. Golfes. — A l'ouest, l'océan Atlantique creuse le grand golfe de *Guinée* ; au nord, la Méditerranée forme le golfe de *Gabès*.

4. Détroits. — La Méditerranée communique avec l'océan Indien par le *canal de Suez*, la mer Rouge et le détroit de *Bab-el-Mandeb*; elle communique avec l'océan Atlantique par le détroit de *Gibraltar*.

5. Iles. — *Madagascar*, colonie française, est la seule île considérable de la côte africaine ; elle est séparée du continent par le canal de *Mozambique*. La *Réunion*, à la France, *Maurice*, à l'Angleterre, sont plus à l'est.

AFRIQUE.

EN AFRIQUE.

Au nord-ouest, dans l'océan Atlantique, se trouvent quelques îles importantes par leur situation : les *Açores, Madère*, au Portugal ; les *Canaries*, à l'Espagne.

6. Montagnes. — Le continent africain est un immense plateau divisé en deux parties : la partie septentrionale est bordée, au nord-ouest, par les monts *Atlas*. Elle renferme un grand désert, le *Sahara*; la région du lac *Tchad* et la vallée du Nil.

La partie méridionale est dominée, à l'est, par les monts *Kénia* et *Kilimandjaro* qui ont plus de 6.000 mètres.

7. Lacs. — Dans l'intérieur se trouvent des lacs immenses et profonds : *Victoria* (sous l'équateur), *Tanganyika*, *Nyassa* sont les plus importants.

8. Fleuves. — L'Afrique a de très grands fleuves : le *Nil* sort du lac Victoria et se rend dans la Méditerranée. Le *Zambèze* reçoit les eaux du lac Nyassa et se jette dans le canal de Mozambique. L'océan Atlantique a pour tributaires : le *Sénégal* et le *Niger*, qui descendent du *Fouta-Djalon*, et le *Congo* qui vient des lacs intérieurs.

AFRIQUE POLITIQUE

9. L'Afrique (200 millions d'hab.) n'est pas divisée, comme l'Europe, en contrées bien distinctes; seuls les pays du littoral ont leurs limites à peu près définies.

10. L'**Égypte**, fertilisée par le Nil, est occupée par les Anglais. Sa capitale, LE CAIRE, est bâtie à l'entrée du delta; *Alexandrie*, sur la Méditerranée, est un port commerçant; *Port-Saïd* et *Suez* sont situés aux deux extrémités du canal de Suez.

11. Au sud de l'Égypte, l'**Abyssinie**, royaume indépendant, pays montagneux et pittoresque, a pour capitale ADDIS ABABA.

12. Sur la Méditerranée, la **Libye**, capitale TRIPOLI, a été conquise sur les Turcs par les Italiens (1913).

13. La **Tunisie**, capitale TUNIS, est sous le protectorat de la France.

L'**Algérie**, appelée aussi « France africaine », a pour villes principales *Alger, Oran* et *Constantine*.

14. Le **Maroc**, capitale FEZ, est sous le protectorat de la France. Le port de *Tanger* est devenu international.

15. Le **Sahara** est traversé par de nombreuses caravanes. *Tombouctou*, sur le Niger ; la *région du Tchad* et la plus grande partie de l'ancien *Soudan* sont occupés par nos soldats.

16. Les côtes de l'Atlantique sont partagées entre les Espagnols, les Français, les Anglais, les Portugais et les Allemands.

17. L'**Afrique occidentale française**, capitale DAKAR, comprend : le *Sénégal*, le *Haut-Sénégal-Niger*, la *Guinée française*, la *Côte d'Ivoire* et le *Dahomey*. L'**Afrique équatoriale française** a pour capitale BRAZZAVILLE.

18. L'**État du Congo** appartient à la Belgique.

19. Au sud se trouve l'**Union sud-africaine anglaise**, formée de la *colonie du Cap*, du *Natal*, du *Transvaal* et de l'*État d'Orange*, avec une population totale de 8.200.000 hab. La capitale est LE CAP; *Johannesburg* (120.000 h.) en est la ville la plus importante.

20. La **côte de Mozambique** appartient au Portugal.

21. Les Anglais et les Allemands se partagent le littoral dans la région des lacs : *Afrique orientale anglaise* et *Afrique orientale allemande*.

22. L'intérieur est occupé par de nombreux États nègres, aux peuplades ignorantes et superstitieuses.

Lecture.

Climats et productions. — Le climat de l'Afrique est très chaud; la végétation y est luxuriante dans les contrées bien arrosées.

Les bords de la Méditerranée ont l'oranger, le citronnier, le figuier, la vigne. Le Sahara est sans végétation, sauf dans quelques oasis où pousse le dattier. Sur les rives du Sénégal croissent les grands acacias à gomme, les côtes de Guinée portent des forêts de palmiers et de cocotiers; on y trouve la liane à caoutchouc.

Animaux. — De nombreux animaux féroces vivent sur cette terre brûlante : le lion, la panthère, le léopard, l'hyène, le chacal, etc. Le crocodile et l'hippopotame infestent les fleuves. Le rhinocéros, l'éléphant fréquentent les hauts plateaux; le gorille habite les forêts de la Guinée; les serpents pullulent partout. L'Afrique nourrit aussi d'innombrables variétés d'animaux utiles et inoffensifs : le chameau, la girafe, l'autruche, les antilopes, les gazelles, etc.

22ᵉ DEVOIR. — 1. *L'Afrique s'étend entre.....* — 2. *Ses points extrêmes sont.....* — 3. *L'Atlantique creuse le golfe.....; la Méditerranée creuse celui.....* — 4. *La Méditerranée communique avec l'océan Indien par.....* — 5. *Dans l'océan Atlantique les principales îles sont..... Dans l'océan Indien nous possédons les îles de.....* — 23ᵉ DEVOIR. — 6. *Les monts Atlas bordent..... Le Sahara est.....* — 7. *Les principaux lacs sont.....* — 8. *Le Nil sort du lac..... et se rend dans.....* Les eaux du lac Nyassa s'écoulent dans le..... Du Fouta-Djalon descendent ..... Le Congo vient.....* — 9-10. *Le Caire est.....* — 24ᵉ DEVOIR. — 11-22. *Les Français possèdent sur la côte de la Méditerranée.....; sur les côtes de l'Atlantique..... Au sud de l'Afrique les Anglais possèdent..... Sur les bords de la Méditerranée on cultive..... Au milieu des déserts on rencontre des..... où pousse le..... Les animaux féroces qui vivent en Afrique sont.....*

AMÉRIQUE.

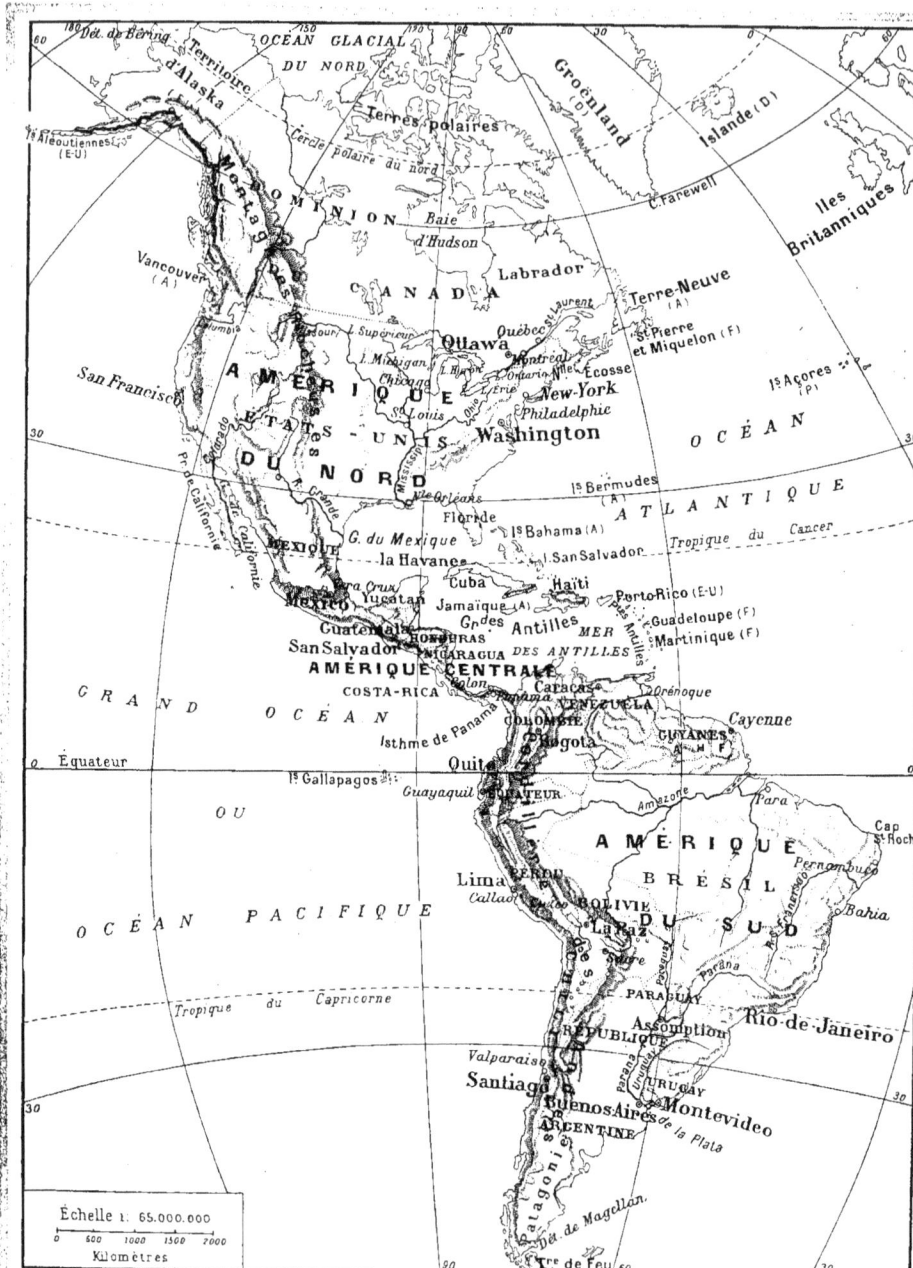

AMÉRIQUE.

DANS L'AMÉRIQUE DU NORD.

DANS L'AMÉRIQUE DU SUD.

AMÉRIQUE PHYSIQUE

1. L'*Amérique* s'allonge, du nord au sud, entre l'*océan Atlantique* à l'est et l'*océan Pacifique* à l'ouest; l'*océan Glacial du nord* baigne ses côtes septentrionales.

2. Le continent américain se compose de deux grandes masses : l'*Amérique du Nord* et l'*Amérique du Sud*, reliées entre elles par l'*isthme de Panama*.

Amérique septentrionale.

3. **Côtes.** — L'*Amérique septentrionale* a des côtes très irrégulières. Au nord, la baie d'*Hudson* pénètre profondément dans les terres et découpe la presqu'île du *Labrador*. Plus loin, vers le pôle, s'avancent des terres glacées; la plus considérable est le *Groenland*, habité par quelques tribus d'Esquimaux.

4. **Presqu'îles et Iles.** — Au nord-ouest la presqu'île d'*Alaska* fait face à l'Asie et se continue par les îles *Aléoutiennes*.
Sur la côte du Pacifique s'allonge la presqu'île de *Californie*, séparée du continent par le golfe de Californie.
Dans l'Atlantique, deux presqu'îles, le *Yucatan* et la *Floride*, encadrent le golfe du Mexique. Une longue chaîne d'îles, les *Antilles*, ferment à l'est le golfe du Mexique et la mer des Antilles.
Au nord-est, l'île de *Terre-Neuve* est à l'entrée du golfe Saint-Laurent.

5. **Montagnes et Plaines.** — La haute chaîne de montagnes qui borde la côte du Pacifique porte le nom de *montagnes Rocheuses*.
Deux grandes plaines s'étendent à l'est des montagnes Rocheuses. L'une d'elles s'incline vers le nord : elle est froide, marécageuse, couverte de forêts et de lacs; l'autre, inclinée vers le sud, est riche et fertile.

6. **Fleuves.** — Le *Mississipi*, « père des fleuves », se rend dans le golfe du Mexique.
Un autre fleuve, le *Saint-Laurent*, s'écoule dans l'Atlantique. Il traverse un pays autrefois français, le *Canada*, où l'on parle encore notre langue.

7. **Lacs.** — Le *Saint-Laurent* reçoit les eaux de cinq grands lacs qui forment une véritable mer d'eau douce. Ce sont : les lacs *Supérieur*, *Michigan*, *Huron*, *Érié* et *Ontario*.
(Les eaux du lac Érié tombent dans le lac Ontario par la fameuse cataracte du *Niagara*, dont le fracas s'entend à une distance de plusieurs lieues.)

Amérique méridionale.

8. **Forme.** — L'*Amérique méridionale* est peu découpée. Elle a la forme d'un triangle dont les trois sommets sont marqués : à l'ouest par l'isthme de *Panama*, à l'est par le cap *Saint-Roch*, au sud par le cap *Horn*.

9. **Iles.** — L'archipel de la *Terre de Feu*, qui la termine, est séparé du continent par le détroit de *Magellan*.

10. **Montagnes.** — La chaîne de montagnes qui longe le Pacifique, dans l'Amérique méridionale, prend le nom de *Cordillère des Andes*.

11. **Fleuves.** — De nombreux cours d'eau descendent de ces montagnes; ils arrosent de vastes plaines, couvertes de hautes herbes, appelées *pampas*.
L'*Amazone*, le plus grand fleuve du monde, traverse d'immenses forêts vierges.
Le *Rio de la Plata* est l'estuaire de plusieurs fleuves : l'*Uruguay*, le *Parana* et le *Paraguay*.

— 25ᵉ Devoir. — 1. *Les océans qui baignent les côtes de l'Amérique sont*.....
— 2-3. *L'isthme de Panama réunit*..... *L'océan Atlantique forme le golfe*..... *et la mer*..... *Les montagnes Rocheuses et les Andes bordent*.....
— 6. *Le plus grand fleuve de l'Amérique du Nord*..... *de l'Amérique du*.....

Sud..... 26ᵉ Devoir. — 7-8. *Le Saint-Laurent reçoit les eaux de*..... *et se rend dans*..... *La cataracte du Niagara est formée par*..... *Le cap Horn est*..... — 9-10. *Le détroit de Magellan sépare*..... — 11. *On appelle pampas de*..... *Le rio de la Plata reçoit les eaux du*.....

COURS ÉLÉM.

AMÉRIQUE POLITIQUE

1. L'*Amérique du Nord* (120 millions d'hab.) a été colonisée, il y a trois siècles, par les Français, les Anglais, les Espagnols. Elle comprend trois grands États : le *Dominion ou Puissance du Canada*, les *États-Unis* et le *Mexique*.

2. Le **Dominion** et les terres polaires forment l'*Amérique anglaise* dont la capitale est Ottawa.

3. La *république des* **États-Unis** (88.500.000 hab.) occupe un territoire qui égale la superficie de l'Europe. Sa capitale est Washington.

New-York (4.800.000 hab.), sur l'Atlantique, est la ville la plus commerçante de toute l'Amérique.

Philadelphie, sur l'Atlantique, et *San Francisco*, sur le Pacifique, sont des ports importants.

Chicago, au sud du lac Michigan; *Saint-Louis*, sur le Mississipi, sont des villes très commerçantes.

Le **Territoire d'Alaska**, au nord-ouest, est une possession des États Unis où l'on a découvert des mines d'or.

4. La *république du* **Mexique**, ancienne colonie espagnole, capitale Mexico, a pour port principal *Vera-Cruz*.

5. Une partie de l'isthme qui relie les deux Amériques forme l'**Amérique centrale**, composée de six petites républiques (*Guatemala, Salvador, Honduras, Nicaragua, Costa-Rica* et *Panama*). Le canal de Panama va être ouvert à la navigation.

6. Les *Antilles* sont divisées en *Grandes Antilles* et en *Petites Antilles*.

Grandes Antilles : *Cuba*, capitale La Havane, est une république protégée par les États-Unis; la *Jamaïque* appartient à l'Angleterre; *Haïti* forme deux républiques indépendantes; *Porto-Rico* appartient aux États-Unis.

Petites Antilles. *La Martinique* et la *Guadeloupe*, qui sont les plus belles, appartiennent à la France.

Toutes ces îles produisent la canne à sucre et le café.

7. L'*Amérique du Sud* (57 millions d'hab.) a été colonisée par les Portugais et les Espagnols. Les possessions portugaises ont formé la vaste *république du* **Brésil** (25.000.000 hab.), capitale Rio-de-Janeiro, au fond d'une baie magnifique.

8. Les anciennes colonies espagnoles se sont rendues indépendantes et forment aujourd'hui neuf républiques.

Au nord : le **Venezuela**, capitale Caracas; la **Colombie**, capitale Bogota.

A l'ouest : l'**Équateur**, capitale Quito (à 2.850 mètres au-dessus de la mer); le **Pérou**, capitale Lima; le **Chili**, capitale Santiago, port principal *Valparaiso*.

A l'est : la **République Argentine**, capitale Buenos-Ayres; l'**Uruguay**, capitale Montevideo.

Ces deux villes s'élèvent sur l'estuaire du rio de la Plata.

Dans l'intérieur, le **Paraguay**, capitale Assomption, et la **Bolivie**, capitale **La Paz**.

9. La **Guyane**, au nord-est, se partage entre la France, la Hollande et l'Angleterre.

La capitale de la Guyane française est Cayenne.

10. Les Français possèdent encore les îles *Saint-Pierre* et *Miquelon*, au sud de Terre-Neuve.

Lecture.

Trois langues sont surtout parlées en Amérique : l'anglais dans l'Amérique du Nord, l'espagnol dans le Mexique et dans presque toute l'Amérique du Sud, le portugais au Brésil.

Avant la conquête de l'Amérique par les Européens, les Indiens « Peaux-Rouges » chassaient le bison dans les grandes prairies du nord; aujourd'hui ils ont presque disparu devant les « visages pâles ».

Les Indiens de l'Amérique du Sud ont la peau brune; ils se sont mêlés aux colons européens et se sont civilisés dans une certaine mesure.

Climats et productions. — L'Amérique a tous les climats. Les terres boréales sont glacées, marécageuses, inhospitalières.

Les plaines du centre ont un climat tempéré; elles sont riches en prairies et en champs de céréales.

Dans les zones tropicales on cultive le café, le cacao, le coton, le tabac, la canne à sucre; on y exploite aussi des bois précieux (acajou, palissandre), appelés « bois des îles ».

Animaux. — L'Amérique nourrit de nombreuses espèces d'animaux. La zone polaire a l'ours blanc et le phoque; plus au sud se rencontrent les bêtes à fourrures : zibelines, petits-gris, castors, ours gris.

La baleine s'ébat dans les mers glacées. On pêche la morue sur le banc de Terre-Neuve.

Dans la zone équatoriale vivent les caïmans, de dangereux serpents, le jaguar, le tapir, le fourmilier, la sarigue et d'innombrables variétés d'oiseaux au plumage éclatant.

Le lama et le condor se plaisent dans les Andes.

Les pampas nourrissent des chevaux sauvages, des troupeaux de bœufs et de moutons.

— 27ᵉ Devoir. — 1-3. *Les deux Amériques ont été colonisées par.... Washington est..... Les villes importantes des États-Unis sont...... — 4. Mexico est la capitale de...; ..... est le port principal. — 5-6. Les grandes Antilles sont..... Dans les petites Antilles la France possède....*

— 28ᵉ Devoir. — 7. *Le Brésil, capitale....., est une..... — 8. Les Républiques de l'Amérique du Sud sont : au nord.....; à l'ouest.....; à l'est.... Les deux villes situées dans l'estuaire du rio de la Plata sont..... — 9-10. La France possède dans l'Amérique du Sud....., et dans l'Amérique du Nord.....*

EN OCÉANIE.

OCÉANIE.

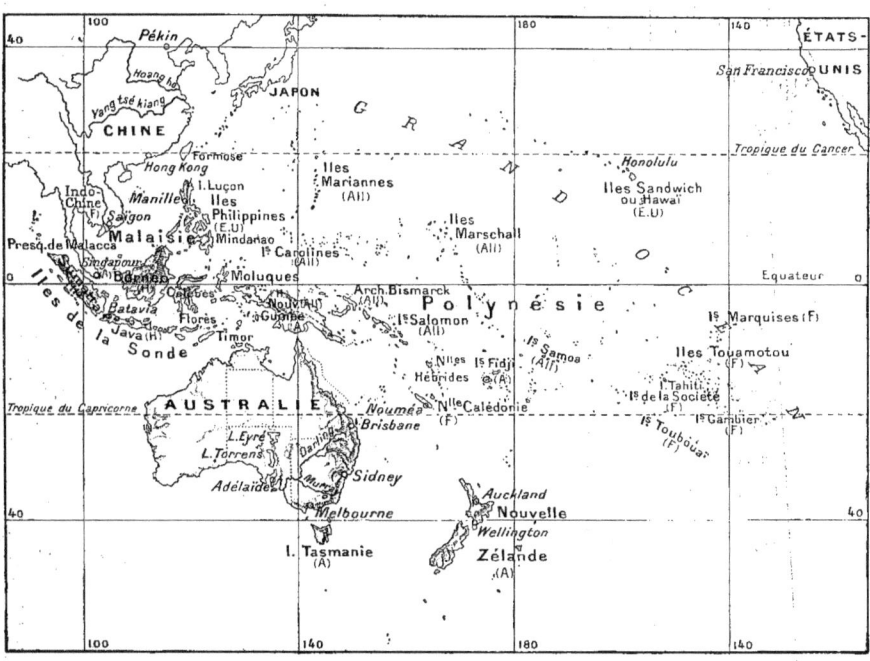

CARTE D'OCÉANIE.

OCÉANIE

1. On donne le nom d'*Océanie* à l'ensemble des terres répandues dans le Grand Océan.
2. Ces terres peuvent être réparties en trois groupes :
1° La **Malaisie**, grandes îles au sud-est de l'Asie.
2° L'**Australie** et les îles qui s'y rattachent.
3° La **Polynésie**, formée des nombreux archipels disséminés dans l'océan Pacifique.
3. L'Océanie appartient à la zone torride, mais son climat est tempéré par les vents de la mer.
4. La **Malaisie**, encore appelée **Insulinde**, comprend : les îles de *Sumatra*, *Java*, *Bornéo*, *Célèbes* et les *Moluques*, aux Hollandais. Les *Philippines* (8.000.000 d'hab.), enlevées à l'Espagne par les États-Unis, capitale Manille.
La plupart de ces îles produisent : le café, le coton, la canne à sucre, les épices (poivre, clou de girofle, etc.).
5. L'**Australie** appartient aux Anglais ; c'est une grande île dont l'étendue est égale aux deux tiers de l'Europe. Ce continent a des animaux particuliers : le kangourou, le casoar, l'oiseau-lyre, le cygne noir.
L'Australie, qui a 4 millions d'habitants, jouit d'un climat tempéré. Les colons anglais y cultivent le blé, la vigne ; ils y élèvent de grands troupeaux de moutons, dont la laine est exportée en Europe.
Sur la côte orientale s'élèvent les villes de *Melbourne* et de *Sydney*.
6. A l'Australie se rattachent deux autres possessions anglaises : la *Tasmanie* et la *Nouvelle-Zélande*.
7. La *Nouvelle-Guinée*, au nord de l'Australie, est partagée entre les Anglais, les Allemands et les Hollandais.
8. La *Nouvelle-Calédonie*, capitale Nouméa, appartient à la France.
9. La **Polynésie** est la région par excellence du cocotier, de l'arbre à pain, du bananier. La France possède les îles *Marquises*, les îles de la *Société* ou *Tahiti*, les îles *Touamotou* et d'autres moins importantes.

29ᵉ Devoir. — 1. *L'Océanie est.....* — 2-3. *Les trois divisions de l'Océanie sont.....* — 4. *La Malaisie comprend.... Ces îles produisent. ...* — 5-7. *L'Australie appartient.....; ses villes principales sont.....; elle exporte..... Les Anglais ont aussi.....* — 8-9. *La France possède en Océanie....., capitale..... Elle possède encore les îles..... Les animaux particuliers de l'Australie sont....*

FRANCE PHYSIQUE.

FRANCE.

FRANCE PHYSIQUE

1. Limites. — Notre *pays de France* est baigné : au nord et au nord-ouest, par la *mer du Nord* et par la *Manche* ; à l'ouest, par l'*océan Atlantique* ; au sud, par la *mer Méditerranée* Il touche : au nord, à la *Belgique* ; au nord-est, à l'*Allemagne* ; à l'est, à la *Suisse* ; au sud-est, à l'*Italie* ; au sud, à l'*Espagne*. Le Pas de Calais le sépare de l'*Angleterre*.

FRANCE PHYSIQUE.

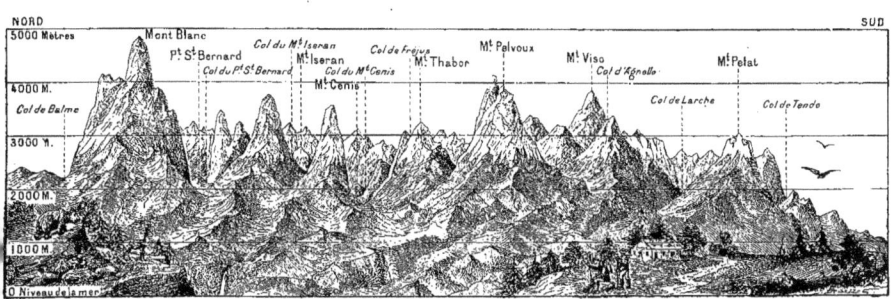

PRINCIPAUX PICS ET PRINCIPAUX PASSAGES DES ALPES FRANCO-ITALIENNES [1].

2. Relief du sol. — Une ligne tirée du golfe de Gascogne à la frontière belge diviserait la France en deux parties : au nord-ouest et à l'ouest la *région des plaines;* au sud, au centre et à l'est les *montagnes.*

3. Plaines. — Les principales plaines de la France sont : Au nord : 1° la *plaine de Flandre*, région très fertile ; — 2° la *plaine de Normandie*, aux gras herbages ; — 3° les *plaines du bassin de Paris* : Brie et Beauce, terres à blé ; — 4° la *plaine de Champagne*, dont les coteaux produisent des vins célèbres.

Au centre : 1° la *belle Touraine*, jardin de la France ; — 2° la *plaine marécageuse de la Sologne.* — Au sud-ouest : 1° la *plaine de la Garonne*, aux riches vignobles ; — 2° la *plaine sablonneuse des Landes.* — Au sud-est : la *plaine du bas Languedoc*, bordée par la Méditerranée. — Au nord-est : la *fertile plaine d'Alsace*, qui nous a été prise par les Allemands.

4. Montagnes. — Au centre de la France s'élève le *Plateau* ou *Massif central*, entre les vallées de la Loire, de la Garonne et du Rhône. Plusieurs chaînes servent à le former : 1° les *Cévennes*, sur lesquelles il s'appuie à l'est ; — 2° les *monts d'Auvergne*, où il atteint sa plus grande élévation (Puy de Sancy, 1.886 mètres) ; — 3° les *monts du Limousin*, à l'ouest.

Les *monts de la côte d'Or*, qui continuent les Cévennes,

ont de riches vignobles. A l'ouest de la Côte-d'Or se trouve le *massif du Morvan*, couvert de forêts. Le *plateau de Langres*, au nord de la Côte-d'Or, donne naissance à la Seine.

Les *monts Faucilles* forment le talus méridional du *plateau de Lorraine*. Ce plateau est limité, au nord, par le *plateau des Ardennes*, et, à l'est, par la *chaîne des Vosges*, dont le plus haut sommet, le *Ballon de Guebwiller*, a 1.426 mètres.

Au sud, les Vosges sont séparées du Jura par la trouée de Belfort. Le *Jura* s'allonge entre le Rhône et le Rhin ; son plus haut sommet, le *Crêt de la Neige*, a 1.723 mètres.

Les *Alpes occidentales* s'étendent du lac de Genève à la Méditerranée. Leur plus haut sommet est le *mont Blanc* (4.810 mètres). Les Alpes envoient en France trois contreforts principaux : 1° les *Alpes de Savoie* ; — 2° les *Alpes du Dauphiné* ; — 3° les *Alpes de Provence*.

La *chaîne des Pyrénées* sépare la France de l'Espagne. Le plus haut sommet français de cette chaîne est le *Vignemale* (3.300 mètres). Le point culminant, le *Néthou* (3.404 mètres), est en Espagne.

5. Collines. — Dans la région des plaines s'élèvent quelques collines, dont les principales sont : les *collines de Normandie*, les *monts de Bretagne*, le *Bocage vendéen*.

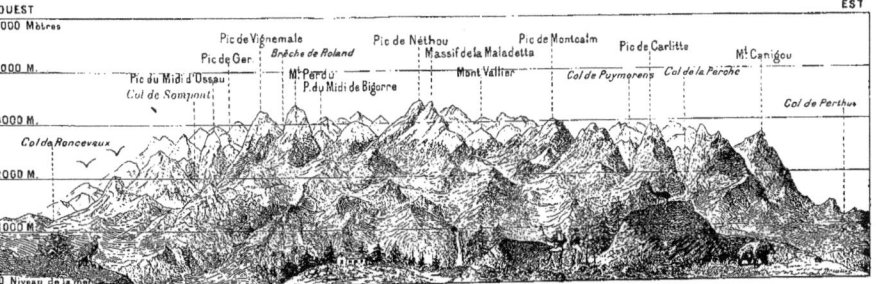

PRINCIPAUX PICS ET PRINCIPAUX PASSAGES DES PYRÉNÉES FRANCO-ESPAGNOLES [1].

[1]. Les hauteurs données aux pics sont rigoureusement proportionnelles à leur hauteur réelle : mais la distance entre ces pics, bien qu'étant proportionnellement observée, a dû être très resserrée, ce qui fait que la hauteur des montagnes n'est pas en rapport avec la longueur de la chaîne.

30e DEVOIR. — La France est baignée..... Elle touche au nord....: à l'est....; au sud..... Les principales plaines de la France sont : au nord....; au centre......; au sud-ouest.....; au sud-est......; au nord-est..... Les montagnes situées dans l'intérieur de la France sont.... Les montagnes qui protègent nos frontières sont..... Les points culminants de ces montagnes sont.....

BASSINS DE LA SEINE ET DE LA LOIRE.

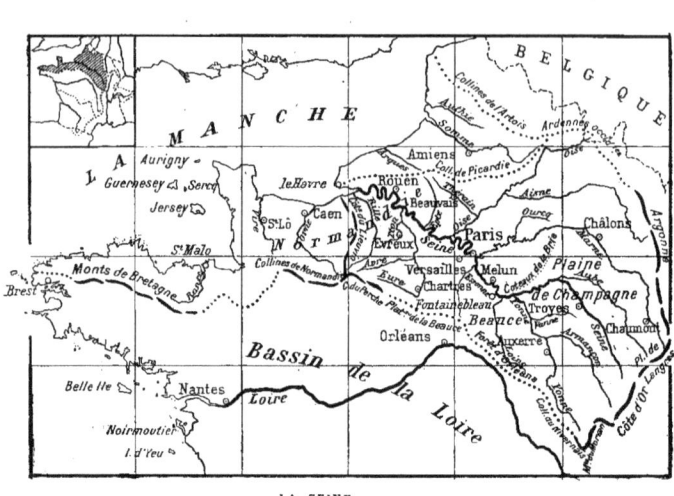

LA SEINE.

Fleuves. — La France est arrosée par quatre grands fleuves : la *Seine*, la *Loire*, la *Garonne*, le *Rhône*, qui reçoivent de nombreux affluents.

Depuis la perte de l'Alsace, nous ne possédons plus la rive gauche du *Rhin*; mais un de ses affluents, la Moselle, arrose encore la terre française.

7. Bassins. — Tous ces cours d'eau sont répartis en cinq grands bassins : le *bassin de la Seine*, le *bassin de la Loire*, le *bassin de la Garonne*, le *bassin du Rhône*, le *bassin du Rhin*.

8. Cours de la Seine. — La *Seine*, au cours lent et sinueux, descend du plateau de Langres et se jette dans la Manche.

Les villes principales baignées par la Seine sont :

Troyes, Melun, Paris, Rouen, et *Le Havre* à l'embouchure.

Ses principaux affluents sont :

Sur la rive droite : l'*Aube*, la *Marne* et l'*Oise* grossie de l'*Aisne*.

Sur la rive gauche : l'*Yonne*, le *Loing* et l'*Eure*.

FLEUVES CÔTIERS. — Les petits fleuves côtiers qui se jettent dans la Manche sont : la *Somme*, l'*Orne*, la *Vire* et la *Rance*.

9. Cours de la Loire. — La *Loire*, le plus long fleuve de France et le moins profond, prend sa source dans les Cévennes, au mont Gerbier de Joncs, forme une grande courbe et se rend dans l'océan Atlantique.

Les villes principales baignées par la Loire sont :

Roanne, Nevers, Orléans, Blois, Tours, Nantes et *Saint-Nazaire*.

Ses affluents sont :

Sur la rive droite : la *Nièvre*; puis la *Maine*, formée par la réunion du *Loir*, de la *Sarthe* et de la *Mayenne*;

Sur la rive gauche : l'*Allier*, le *Cher*, l'*Indre*, la *Vienne* grossie de la *Creuse*, et la *Sèvre Nantaise*.

FLEUVES CÔTIERS. — Les petits fleuves côtiers qui se rendent dans l'Océan au nord de la Loire sont : l'*Aulne*, le *Blavet* et la *Vilaine*.

10. Cours de la Garonne. — La *Garonne* vient

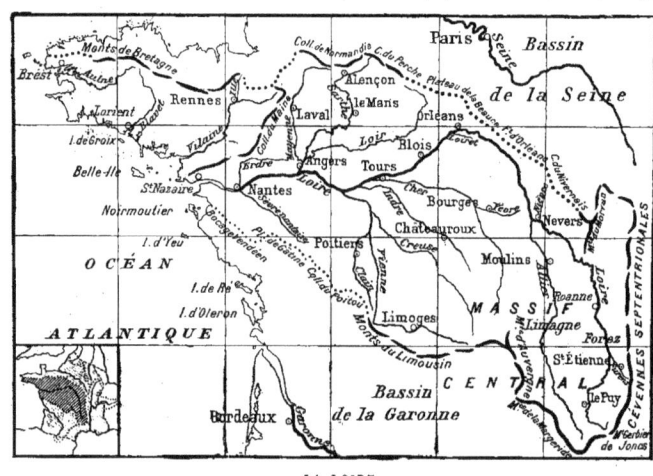

LA LOIRE.

31ᵉ DEVOIR. — *La France est arrosée par..... Tous ces cours d'eau sont répartis en..... La Seine descend....., elle se jette..... Elle arrose les villes de..... Ses affluents sur la rive droite sont..... ; sur la rive gauche..... Les fleuves côtiers sont..... — La Loire prend sa source..... ; elle se jette..... Elle arrose les villes de..... Ses affluents sur la rive droite sont..... ; sur la rive gauche..... Les fleuves côtiers sont..... — 32ᵉ DEVOIR. — Le bassin de la Seine est limité au nord par..... ; à l'est..... ; au sud..... Le bassin de la Loire est limité au nord par..... ; à l'est..... ; au sud..... — Tracer le bassin de la Seine à l'aide du quadrillage. — Tracer le bassin de la Loire.*

BASSINS DE LA GARONNE, DU RHÔNE, ETC.

LA GARONNE.

des Pyrénées, prend le nom de *Gironde* après sa réunion avec la *Dordogne*, et se rend dans le golfe de Gascogne.

Les villes principales baignées par la Garonne sont : *Toulouse*, *Agen* et *Bordeaux*.

Ses affluents sont, sur la rive droite : l'*Ariège*, le *Tarn* grossi de l'*Aveyron*, le *Lot* et la *Dordogne*;

Sur la rive gauche : le *Gers*.

FLEUVES CÔTIERS. — Les petits fleuves côtiers qui se rendent dans l'Océan, au sud de la Loire, sont : la *Sèvre Niortaise*, la *Charente*, la *Leyre* et l'*Adour*.

11. Cours du Rhône. — Le *Rhône*, au cours rapide, prend sa source dans les Alpes suisses, au mont Saint-Gothard, et se jette dans la Méditerranée par plusieurs embouchures.

Les villes principales baignées par le Rhône sont : *Genève* (en Suisse), *Lyon*, *Valence*, *Avignon*, *Arles*.

Ses affluents sont, sur la rive droite : l'*Ain*, la *Saône* grossie du *Doubs*, l'*Ardèche* et le *Gard*;

Sur la rive gauche : l'*Isère*, la *Drôme* et la *Durance*.

FLEUVES CÔTIERS. — Les petits fleuves côtiers qui se jettent dans la Méditerranée sont : l'*Aude*, l'*Hérault*, l'*Argens* et le *Var*.

12. La Moselle, la Meuse et l'Escaut. — Le seul affluent français du Rhin est la *Moselle*, grossie de la *Meurthe*, et dont le cours s'achève en Allemagne.

La *Meuse* prend sa source en France, aux monts Faucilles; elle passe à *Sedan*, à *Mézières*, continue son cours en Belgique, où elle reçoit la *Sambre*, et se jette dans la mer du Nord.

L'*Escaut* passe aussi de France en Belgique, et se jette dans la mer du Nord après avoir reçu la *Scarpe* et la *Lys*.

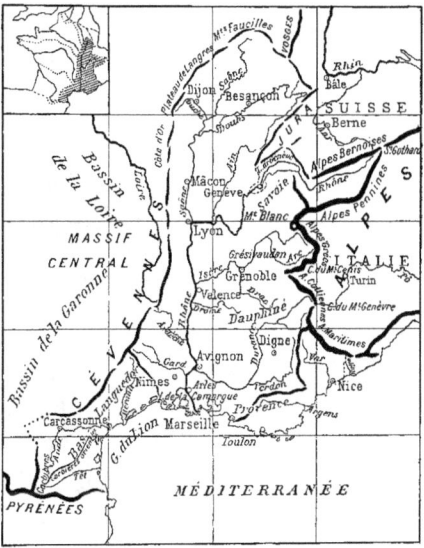

LE RHÔNE.

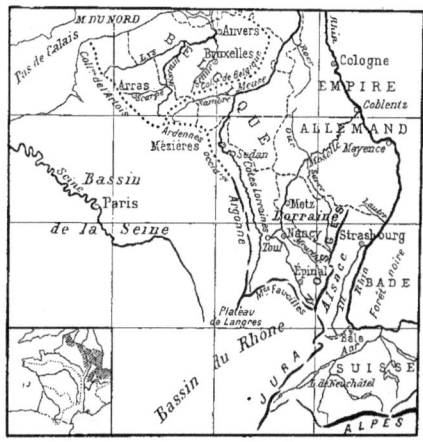

LA MOSELLE, LA MEUSE ET L'ESCAUT.

33ᵉ DEVOIR. — La Garonne vient..... Réunie à la Dordogne, elle prend le nom.....; elle se jette..... Elle arrose les villes de..... Ses affluents sur la rive droite sont.....; sur la rive gauche..... Les fleuves côtiers sont..... — Le Rhône prend sa source.....; il se jette..... Il arrose les villes de..... Ses affluents sur la rive droite ont.....; sur la rive gauche..... Les fleuves côtiers sont.....

31ᵉ DEVOIR. — L'affluent français du Rhin est....., grossie de..... La Meuse prend sa source.....; elle passe à.....; elle reçoit..... et se jette..... L'Escaut se jette....., après avoir reçu..... — Le bassin de la Garonne est limité par..... Le bassin du Rhône est limité par..... — Tracer le bassin de la Garonne. — Tracer le bassin du Rhône. — Tracer les bassins du Rhin et de la Meuse.

FRANCE POLITIQUE.

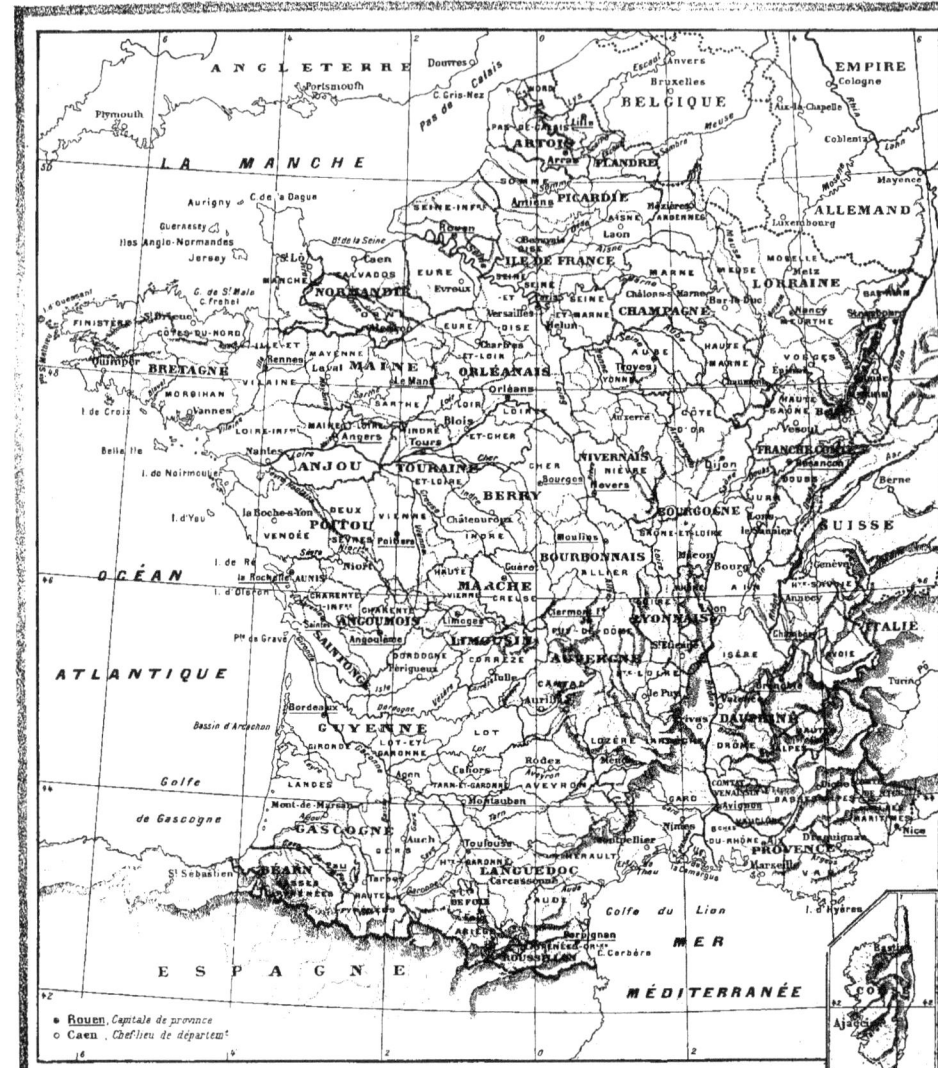

FRANCE. — Anciennes provinces.

1. La France compte actuellement 86 *départements*, auxquels il faut ajouter le *territoire de Belfort*, seul débris de l'Alsace.

2. Les départements empruntent leur nom aux cours d'eau qui les arrosent, ou aux montagnes qu'ils renferment, ou à la situation géographique qu'ils occupent.

Après la guerre de 1870, l'Allemagne a enlevé à la France les départements du Bas-Rhin et du Haut-Rhin, moins l'arrondissement de Belfort; une grande partie des départements de la Moselle et de la Meurthe, et quelques communes du département des Vosges. En attendant que ces terres françaises reviennent à la mère patrie, on a formé, des débris de la Meurthe et de la Moselle, le département de *Meurthe-et-Moselle*, chef-lieu Nancy, et, de l'arrondissement de Belfort, le *territoire de Belfort*

FRANCE. — DÉPARTEMENTS.

DÉPARTEMENTS QUI TIRENT LEUR NOM

1° de la Seine.

	Chefs-lieux.
La Seine	Paris.
Seine-et-Marne	Melun.
Seine-et-Oise	Versailles.
La Seine-Inférieure	Rouen.

2° des affluents.

L'Aube	Troyes.
La Haute-Marne	Chaumont.
La Marne	Châlons.
L'Aisne	Laon.
L'Oise	Beauvais.
L'Yonne	Auxerre.
Eure-et-Loir	Chartres.
L'Eure	Évreux.

3° des bassins secondaires.

La Somme	Amiens.
L'Orne	Alençon.

4° de leur position géographique.

Le Calvados (rochers)	Caen.
La Manche (mer)	Saint-Lô.

1° de la Loire.

La Haute-Loire	Le Puy.
La Loire	Saint-Étienne.
La Loire-Inférieure	Nantes.

2° des affluents.

La Nièvre	Nevers.
Loir-et-Cher	Blois.
La Sarthe	Le Mans.
La Mayenne	Laval.
Maine-et-Loire	Angers.
L'Allier	Moulins.
Le Cher	Bourges.
Le Loiret	Orléans.
L'Indre	Châteauroux.
Indre-et-Loire	Tours.
La Creuse	Guéret.
La Haute-Vienne	Limoges.
La Vienne	Poitiers.

3° de bassin secondaire.

Ille-et-Vilaine	Rennes.

4° de montagne.

	Chefs-lieux.
Le Puy-de-Dôme	Clermont-Ferrand.

5° de leur position géographique.

Le Finistère (fin de la terre)	Quimper.
Les Côtes-du-Nord	Saint-Brieuc.
Le Morbihan (golfe)	Vannes.

1° de la Garonne et de la Gironde.

La Haute-Garonne	Toulouse.
La Gironde	Bordeaux.

2° des affluents.

L'Ariège	Foix.
Le Tarn	Albi.
Tarn-et-Garonne	Montauban.
L'Aveyron	Rodez.
Le Lot	Cahors.
Lot-et-Garonne	Agen.
La Dordogne	Périgueux.
La Corrèze	Tulle.
Le Gers	Auch.

3° des bassins secondaires.

Les Deux-Sèvres	Niort.
La Vendée	La-Roche-sur-Yon.
La Charente	Angoulême.
La Charente-Inférieure	La Rochelle.

4° de montagnes.

La Lozère	Mende.
Le Cantal	Aurillac.
Les Hautes-Pyrénées	Tarbes.
Les Basses-Pyrénées	Pau.

5° de plaine.

Les Landes	Mont-de-Marsan.

1° du Rhône.

Le Rhône	Lyon.
Les Bouches-du-Rhône	Marseille.

2° des affluents.

L'Ain	Bourg.
Le Doubs	Besançon.
La Haute-Saône	Vesoul.

	Chefs-lieux.
Saône-et-Loire	Mâcon.
L'Ardèche	Privas.
Le Gard	Nîmes.
L'Isère	Grenoble.
La Drôme	Valence.
Vaucluse (fontaine)	Avignon.

3° des bassins secondaires.

L'Hérault	Montpellier.
L'Aude	Carcassonne.
Le Var (n'arrose plus le département)	Draguignan.

4° de montagnes.

Le Jura	Lons-le-Saunier.
La Côte-d'Or	Dijon.
Les Pyrénées-Orientales	Perpignan.
Les Hautes-Alpes	Gap.
Les Basses-Alpes	Digne.
Les Alpes-Maritmes	Nice.

5° d'anciennes provinces.

La Haute-Savoie	Annecy.
La Savoie	Chambéry.
La Corse (île)	Ajaccio.

1° du Rhin.

Le Haut-Rhin	Colmar.
Le Bas-Rhin	Strasbourg.

2° des affluents.

La Meurthe	Nancy.
La Moselle	Metz.
(aujourd'hui) Meurthe-et-Moselle : Nancy.	

3° de bassin secondaire.

La Meuse	Bar-le-Duc.

4° de montagnes.

Les Vosges	Épinal.
Les Ardennes	Mézières.

5° de leur position géographique.

Le Nord	Lille.
Le Pas-de-Calais	Arras.

35ᵉ Devoir. — La Seine donne son nom aux départements de......(Indiquer le chef-lieu). L'Aube donne le sien...; la Marne......; l'Oise......; l'Aisne......; la Somme......; l'Yonne......; l'Eure......; l'Orne......; le Calvados doit son nom au ......— 36ᵉ Devoir. La Loire donne son nom......; la Nièvre......; la Sarthe......; la Mayenne......; l'Allier......; le Loiret......; le Cher......; l'Indre......; la Creuse......; la Vienne......; Blois est le chef-lieu...; Angers est......; Tours......; Rennes......; Vannes......; Quimper......; Clermont-Ferrand......; Saint-Brieuc...... — 37ᵉ Devoir. La Garonne donne son nom......; l'Ariège......; le Tarn......; l'Aveyron......; le Lot......; la Dordogne......; la Corrèze......; le Gers......; la Charente...... Les Pyrénées donnent leur nom......; Montauban est le chef-lieu d'......; Agen......; Niort......; Mende......; Aurillac......; Mont-de-Marsan...... 38ᵉ Devoir. Le Rhône donne son nom......; l'Ain......; le Doubs......; la Saône......; l'Ardèche......; le Gard......; l'Isère......; la Drôme......; l'Aude......; le Var...... Avignon est le chef-lieu......; Montpellier......; Dijon......; Chambéry......; Ajaccio...... Le Jura donne son nom......; les Alpes......; les Pyrénées...... — 39ᵉ Devoir. Le Rhin donnait son nom......; la Moselle......; la Meuse...... Les Vosges donnent leur nom......; les Ardennes......Nancy est le chef-lieu......; Lille......; Arras...... Après la guerre de 1870 nous avons perdu...... De l'Alsace il nous reste......

FRANCE. — DÉPARTEMENTS.

FRANCE GÉNÉRALE.

I. RÉGION DU NORD

Départements.	Chefs-lieux et Sous préfectures.
1. Nord.	**Lille**, Dunkerque, Hazebrouck, Douai, Valenciennes, Cambrai, Avesnes.
2. Pas-de-Calais.	**Arras**, Saint-Omer, Boulogne, Béthune, Montreuil, Saint-Pol.
3. Somme.	**Amiens**, Doullens, Abbeville, Péronne, Montdidier.
4. Oise.	**Beauvais**, Compiègne, Clermont, Senlis.
5. Seine.	**Paris**, Saint-Denis, Sceaux.
6. Seine-et-Oise.	**Versailles**, Pontoise, Mantes, Rambouillet, Corbeil, Étampes.
7. Seine-et-Marne.	**Melun**, Meaux, Coulommiers, Provins, Fontainebleau.

RÉGIONS ET DÉPARTEMENTS DE LA FRANCE.

Départements.	Chefs-lieux et Sous-préfectures.
8. Aisne	Laon, Vervins, Saint-Quentin, Soissons, Château-Thierry.

II. RÉGION DU NORD-EST

1.	Ardennes	Mézières, Rocroi, Sedan, Rethel, Vouziers.
2.	Marne	Châlons-sur-Marne, Reims, Sainte-Menehould, Epernay, Vitry-le-François.
3.	Aube	Troyes, Arcis-sur-Aube, Nogent-sur-Seine, Bar-sur-Aube, Bar-sur-Seine.
4.	Haute-Marne	Chaumont, Vassy, Langres.
5.	Meuse	Bar-le-Duc, Montmédy, Verdun, Commercy.
6.	Meurthe-et-Moselle	Nancy, Briey, Toul, Lunéville.
7.	Vosges	Epinal, Saint-Dié, Neufchâteau, Mirecourt, Remiremont.
8.	Arrond. de Belfort	Belfort.

III. RÉGION DU NORD-OUEST

1.	Seine-Inférieure	Rouen, Dieppe, Neufchâtel, Yvetot, Le Havre.
2.	Eure	Evreux, Pont-Audemer, Les Andelys, Louviers, Bernay.
3.	Calvados	Caen, Bayeux, Pont-l'Évêque, Lisieux, Falaise, Vire.
4.	Orne	Alençon, Argentan, Domfront, Mortagne.
5.	Manche	Saint Lô, Cherbourg, Valognes, Coutances, Avranches, Mortain.
6.	Sarthe	Le Mans, Mamers, Saint-Calais, La Flèche.
7.	Mayenne	Laval, Mayenne, Château-Gontier.
8.	Ille-et-Vilaine	Rennes, Saint-Malo, Fougères, Vitré, Montfort, Redon.
9.	Côtes-du-Nord	Saint-Brieuc, Lannion, Guingamp, Dinan. Loudéac.
10.	Finistère	Quimper, Morlaix, Brest, Châteaulin, Quimperlé.
11.	Morbihan	Vannes, Pontivy, Ploërmel, Lorient.

IV. RÉGION DE L'OUEST

1.	Loire-Inférieure	Nantes, Châteaubriant, Ancenis, Saint-Nazaire, Paimbœuf.
2.	Maine-et-Loire	Angers, Segré, Baugé, Saumur, Cholet.
3.	Vienne	Poitiers, Loudun, Châtellerault, Montmorillon, Civray.
4.	Deux-Sèvres	Niort, Bressuire, Parthenay, Melle.
5.	Vendée	La Roche-sur-Yon, Les Sables d'Olonne, Fontenay-le Comte.
6.	Charente-Inférieure	La Rochelle, Rochefort, Saint-Jean-d'Angely, Marennes, Saintes, Jonzac.
7.	Charente	Angoulême, Ruffec, Confolens, Cognac, Barbezieux.

V. RÉGION DU CENTRE

1.	Loiret	Orléans, Pithiviers, Montargis, Gien.
2.	Eure-et-Loir	Chartres, Dreux, Nogent-le-Rotrou, Châteaudun.
3.	Loir-et-Cher	Blois, Vendôme, Romorantin.
4.	Indre-et-Loire	Tours, Chinon, Loches.
5.	Indre	Châteauroux, Issoudun, Le Blanc, La Châtre.
6.	Cher	Bourges, Sancerre, Saint-Amand.
7.	Allier	Moulins, Montluçon, Lapalisse, Gannat.
8.	Nièvre	Nevers, Cosne, Clamecy, Château-Chinon.
9.	Yonne	Auxerre, Sens, Joigny, Tonnerre, Avallon.

Départements.	Chefs-lieux et Sous-préfectures.

VI. RÉGION DU SUD-OUEST

1.	Gironde	Bordeaux, Lesparre, Blaye, Libourne, La Réole, Bazas.
2.	Dordogne	Périgueux, Nontron, Ribérac, Sarlat, Bergerac.
3.	Lot-et-Garonne	Agen, Marmande, Villeneuve-sur-Lot, Nérac.
4.	Lot	Cahors, Gourdon, Figeac.
5.	Tarn-et-Garonne	Montauban, Moissac, Castelsarrasin.
6.	Gers	Auch, Condom, Lectoure, Mirande, Lombez.
7.	Hautes-Pyrénées	Tarbes, Bagnères, Argelès.
8.	Basses-Pyrénées	Pau, Bayonne, Orthez, Mauléon, Oloron.
9.	Landes	Mont-de-Marsan, Dax, Saint-Sever.

VII. RÉGION DU MASSIF CENTRAL

1.	Puy-de-Dôme	Clermont-Ferrand, Riom, Thiers, Ambert, Issoire.
2.	Creuse	Guéret, Boussac, Bourganeuf, Aubusson.
3.	Haute-Vienne	Limoges, Bellac, Rochechouart, Saint-Yrieix.
4.	Corrèze	Tulle, Ussel, Brives.
5.	Cantal	Aurillac, Mauriac, Murat, Saint-Flour.
6.	Aveyron	Rodez, Espalion, Villefranche-de-Rouergue, Millau, Saint-Affrique.
7.	Lozère	Mende, Marvejols, Florac.
8.	Haute-Loire	Le Puy, Brioude, Yssingeaux.
9.	Loire	Saint-Étienne, Roanne, Montbrison.

VIII. RÉGION DU SUD

1.	Haute-Garonne	Toulouse, Muret, Villefranche-de-Lauraguais, Saint-Gaudens.
2.	Ariège	Foix, Pamiers, Saint-Girons.
3.	Pyrénées-Orientales	Perpignan, Prades, Céret.
4.	Aude	Carcassonne, Castelnaudary, Narbonne, Limoux.
5.	Tarn	Alby, Gaillac, Lavaur, Castres.
6.	Hérault	Montpellier, Lodève, Saint-Pons, Béziers.
7.	Gard	Nîmes, Alais, Uzès, Le Vigan.
8.	Ardèche	Privas, Tournon, Largentière.

IX. RÉGION DU SUD-EST

1.	Haute-Savoie	Annecy, Thonon, Bonneville, Saint-Julien.
2.	Savoie	Chambéry, Albertville, Moutiers, Saint-Jean-de-Maurienne.
3.	Isère	Grenoble, La Tour-du-Pin, Vienne, Saint-Marcellin.
4.	Drôme	Valence, Die, Montélimar, Nyons.
5.	Hautes-Alpes	Gap, Briançon, Embrun.
6.	Vaucluse	Avignon, Orange, Carpentras, Apt.
7.	Bouches-du-Rhône	Marseille, Arles, Aix.
8.	Var	Draguignan, Brignoles, Toulon.
9.	Basses-Alpes	Digne, Barcelonnette, Sisteron, Forcalquier, Castellane.
10.	Alpes-Maritimes	Nice, Puget-Théniers, Grasse.
11.	Corse	Ajaccio, Bastia, Calvi, Corte, Sartène.

X. RÉGION DE L'EST

1.	Côte-d'Or	Dijon, Châtillon-sur-Seine, Semur, Beaune.
2.	Saône-et-Loire	Mâcon, Autun, Châlon-sur-Saône, Louhans, Charolles.
3.	Rhône	Lyon, Villefranche-sur-Saône.
4.	Ain	Bourg, Gex, Nantua, Trévoux, Belley.
5.	Jura	Lons-le-Saunier, Dôle, Poligny, Saint-Claude.
6.	Doubs	Besançon, Montbéliard, Baume-les-Dames, Pontarlier.
7.	Haute-Saône	Vesoul, Lure, Gray.

FRANCE ÉCONOMIQUE.

FRANCE ÉCONOMIQUE.

Population. — La France compte près de 40 millions d'habitants.

1. Paris, bâti sur les deux rives de la Seine, en a 2.888.000.

Quatorze autres villes ont plus de 100.000 habitants :

2. Marseille, sur la Méditerranée, notre premier port de commerce.
3. Lyon, au confluent du Rhône et de la Saône.
4. Bordeaux, port sur la Garonne.
5. Lille, près de la frontière belge.
6. Nantes, port sur la Loire.
7. Toulouse, sur la Garonne.
8. Saint-Étienne, au pied des Cévennes.
9. Nice, sur la Côte d'Azur.
10. Le Havre, port sur la Manche.
11. Rouen, sur la Seine.
12. Roubaix, près de Lille.
13. Nancy, sur la Meurthe.
14. Reims, en Champagne.
15. Toulon, port de guerre sur la Méditerranée.

Agriculture. — L'agriculture est la principale source de nos richesses.

Céréales. — Le *blé* croît dans toutes nos plaines, surtout dans les plaines du Nord, de la Brie et de la Beauce ; — l'*orge* et le *seigle* sont cultivés en Bretagne, sur le plateau Central et dans les Alpes ; — le *maïs* prospère dans le bassin de la Garonne.

La *pomme de terre* vient partout, mais surtout dans l'Est.

40ᵉ Devoir. — *La France compte..... Douze de ses villes ont plus de ..... Paris est bâti..... Paris a..... d'habitants. Quinze autres villes ont plus de .....; ce sont..... —* 41ᵉ Devoir. *Marseille est situé..... Lyon est..... Bordeaux est un port sur..... Lille est près.....*

Toulouse est bâtie..... Nantes sur..... Saint-Étienne est..... Le Havre est un port..... Rouen est..... Roubaix est près..... Reims se trouve..... La principale richesse de la France est..... On cultive surtout le blé.....; l'orge et le seigle.....; le maïs.....

FRANCE ÉCONOMIQUE.

FRANCE AGRICOLE.

Vignes. — Les principaux centres vinicoles sont : le Midi (Languedoc), le Bordelais, les Charentes, la Bourgogne et la Champagne.

Plantes industrielles. — La *betterave*, qui sert à faire du sucre et de l'alcool, est cultivée dans les plaines du Nord ; — le *lin* et le *chanvre*, avec lesquels on fait la toile, croissent surtout dans le nord et l'ouest de la France ; — l'*olivier*, qui donne la meilleure huile, et le *mûrier*, qui nourrit le ver à soie, prospèrent dans la région de la Méditerranée ; — le *houblon*, qui sert à faire la bière, est une production du Nord et du Nord-Est.

Prairies et pâturages. — Les meilleures *prairies* se trouvent dans la Normandie, la Bretagne et le Berry.

Les régions montagneuses ont des *pâturages*.

Fruits. — Les arbres fruitiers sont répandus dans toute la France. Le *pommier* prodigue ses fruits aux pays baignés par la Manche ; — le cidre est la boisson des Normands et des Bretons ; — le *châtaignier* pousse sur les collines du Limousin et les montagnes des Cévennes.

Animaux domestiques. — **Chevaux.** — Les principales races de chevaux sont : la race *normande*, la race *bretonne*, la race *percheronne* (Sarthe), la race *limousine* et la race *tarbaise*.

Anes et mulets. — On élève des *ânes* et des *mulets* dans le Poitou et la Gascogne.

Bœufs. — Les races de bœufs les plus estimées sont : les races *flamande* (Flandre), *normande*, *bretonne*, *charolaise* (Bourgogne et Nivernais), de *Salers* (Auvergne) et de *Gascogne*.

Moutons. — La Flandre, la Normandie, le Berry, le Poitou et la Provence nourrissent les principales races de *moutons*.

Le *porc* est l'hôte habituel de toutes nos fermes.

Industrie. — Industrie extractive. — Le *fer* et la *houille* sont les deux matières les plus nécessaires à l'industrie.

Houille. — Nos bassins houillers les plus importants sont : 1° le bassin houiller du *Nord* (Lille) ; — 2° le bassin houiller de *Saône-et-Loire* (Le Creusot) ; — 3° le bassin houiller de la *Loire* (Saint-Étienne) ; — 4° le bassin houiller du *Gard* (Alais).

Fer. — Les départements de Meurthe-et-Moselle et de la Haute-Marne sont les plus riches en *fer*.

Industrie métallique. — Les usines les plus importantes pour la fabrication de la fonte, de l'acier et le travail du fer sont celles de *Lille* (Nord) ; — du *Creusot* (Saône-et-Loire) ; — de *Saint-Étienne* (Loire) ; — de *Saint-Dizier* (Haute-Marne).

Industries manufacturières. — Les principaux centres sont :

Pour la laine : *Roubaix* (Nord), *Elbeuf* (Seine-Inférieure), *Sedan* (Ardennes), *Reims* (Marne).

Pour la soie : *Lyon* et *Saint-Étienne*.

Pour le coton : *Rouen*, *Lille*, *Amiens* (Somme), *Saint-Quentin* (Aisne).

Pour le chanvre : *Le Mans* (Sarthe).

FRANCE INDUSTRIELLE.

Les principaux centres viticoles sont.... Les plantes industrielles sont.... On trouve les meilleures prairies.... Le cidre que l'on fait avec des.... est la boisson....; le châtaignier pousse....

42e Devoir. — Les principales races de chevaux sont.... Dans le Poitou et la Gascogne on élève.... Les races de bœufs les plus estimées sont.... Les plaines de.... nourrissent les principales races de moutons. L'hôte de toutes nos fermes est le..... — 43e Devoir. — Les matières les plus nécessaires à l'industrie sont.... Nos bassins houillers les plus importants sont.... Les départements riches en fer sont.... Les plus grandes usines sont celles de.... Les principaux centres industriels sont....

FRANCE. — VOIES DE COMMUNICATION.

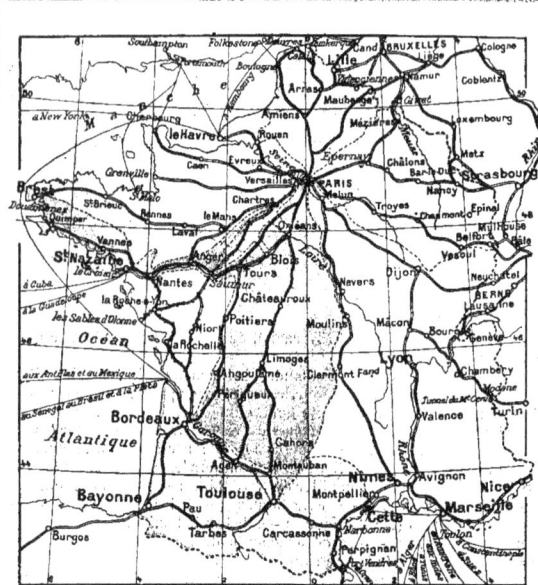

FRANCE. — Chemins de fer.

CHEMINS DE FER

Les chemins de fer de la France se divisent en 6 réseaux :

1° *Réseau du Nord* (violet). — Lignes de Paris : à Boulogne et Calais; — à Lille et Valenciennes; — à Maubeuge.

2° *Réseau de l'Est* (rouge). — Lignes de Paris : à Belfort; — à Strasbourg; — à Givet.

3° *Réseau de Paris-Lyon-Méditerranée* (jaune). — Lignes de Paris : à Marseille; — à Cette; — à Modane.

4° *Réseau de l'État* (jaune et rouge). — Lignes de Paris : au Havre; — à Cherbourg; — à Granville; — à Brest; — à Bordeaux; — Nantes à Bordeaux.

5° *Réseau d'Orléans* (vert). — Lignes de Paris : à Bordeaux; — à Toulouse; — à Nantes.

6° *Réseau du Midi* (saumon). — Bordeaux à Cette. — Bordeaux à Bayonne. — Toulouse à Bayonne.

CANAUX

Les *cours d'eau* et les *canaux* (creusés par la main des hommes) rendent de grands services au commerce et à l'industrie, car ils transportent les marchandises à meilleur marché que les chemins de fer.

Par le moyen des canaux, les bateaux peuvent passer d'un fleuve à un autre et aller ainsi du nord au sud de la France.

La *Seine* est reliée :

1° A la *Somme* par le *canal de la Somme*, et à l'*Escaut* par le *canal de Saint-Quentin* qui rejoint l'Oise (affluent de la Seine).

2° A la *Meuse* par le *canal de l'Oise à la Sambre*, et par le *canal des Ardennes* qui aboutit à l'Aisne (affluent de l'Oise).

3° Au *Rhin* par le *canal de la Marne au Rhin*.

4° Au *Rhône* par le *canal de Bourgogne* qui unit l'Yonne (affluent de la Seine) à la Saône (affluent du Rhône).

5° A la *Loire* par les *canaux du Loing*, *d'Orléans* et de *Briare*, et le *canal du Nivernais* qui joint l'Yonne à la Loire.

Le *Rhône* est relié :

1° Au *Rhin* par le *canal du Rhône au Rhin*, qui s'amorce au Doubs (affluent de la Saône).

2° A la *Meuse* par le *canal de l'Est*, qui fait communiquer la Saône avec la Moselle.

3° A la *Loire* par le *canal du Centre*, qui part de la Loire et aboutit à la Saône.

4° A la *Garonne* par le *canal du Rhône à Cette* et par le *canal du Midi*.

Le *canal de Nantes à Brest* fait communiquer la Loire avec la Vilaine, le Blavet et l'Aulne.

La Loire et la Garonne ne peuvent communiquer à cause du Massif central qui les sépare.

FRANCE. — Canaux.

44ᵉ Devoir. — *Les chemins de fer français se divisent en ..... Les principaux réseaux sont ......* 45ᵉ Devoir. — *Les canaux et les cours d'eau rendent ..... Par le moyen des canaux et des cours d'eau les bateaux peuvent...... — La Seine est reliée : 1° à la Somme, par .....; 2° à la Meuse, par......; 3° ou Rhin, par .....; 4° au Rhône, par ......; 5° à la Loire, par...... — Le Rhône est relié : 1° au Rhin, par.....; 2° à la Meuse, par.....; 3° à la Loire, par.....; 4° à la Garonne, par..... Le canal de Nantes à Brest fait communiquer..... La Loire et la Garonne ne peuvent communiquer.....*

FRANCE AFRICAINE.

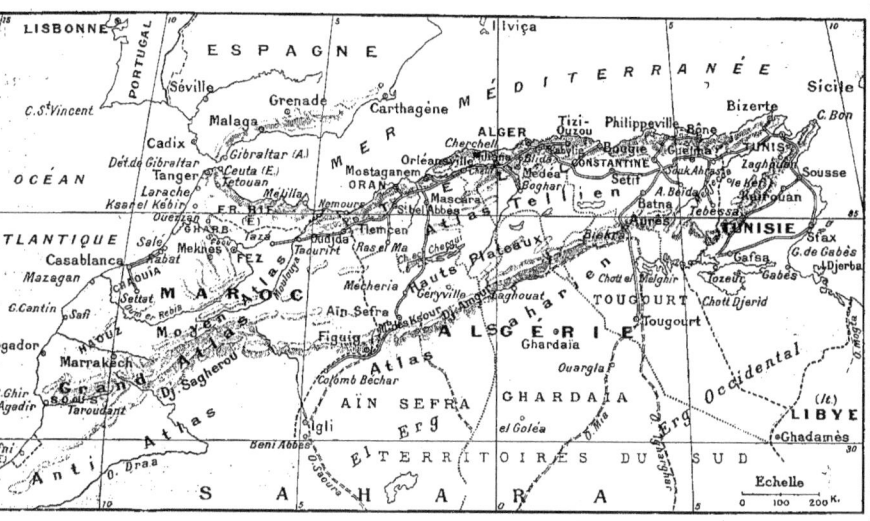

L'ALGÉRIE, LA TUNISIE ET LE MAROC.

FRANCE AFRICAINE

ALGÉRIE, TUNISIE ET MAROC

Situation. — La France africaine (*Algérie, Tunisie et Maroc*) est à 759 kilomètres — 26 heures seulement de Marseille. Elle est séparée de la métropole par la Méditerranée.

Étendue. — Sa superficie est supérieure à celle de la mère patrie.

Limites. — Elle s'étend entre la Méditerranée, au nord et à l'est; le désert du Sahara, au sud; l'Océan Atlantique, à l'ouest.

Régions naturelles (Plaines et montagnes). — Deux chaînes de montagnes, l'*Atlas tellien* et l'*Atlas saharien*, divisent l'Algérie en trois régions : au bord de la mer, le *Tell*, grande plaine fertile en blé et en vin; au centre, les *Hauts Plateaux*, région des forêts; au sud, le *Sahara*, immense plaine de sable parsemée de rares oasis. Les chaînes de l'Atlas se continuent dans la Tunisie et le Maroc.

Cours d'eau. — Les cours d'eau sont des torrents presque toujours à sec en été.

Les principaux sont : le *Chéliff* en Algérie, la *Medjerda* en Tunisie; la *Moulouya*, le *Sebou* au Maroc.

Climat. — Le climat de l'Algérie est sain. Le Tell a presque la même température que le midi de la France. Les Hauts Plateaux ont des hivers froids et des étés très chauds. Le Sahara est brûlé par le soleil.

Population. — La France africaine compte 15.400.000 habitants, dont plus des deux tiers sont indigènes (Arabes, Kabyles, Tunisiens, Marocains).

Divisions politiques. — L'Algérie est divisée en trois départements : le département d'ALGER, chef-lieu *Alger*; sous-préfectures : *Tizi-Ouzou, Miliana, Médéa, Orléansville*.

Le département d'ORAN, chef-lieu *Oran*; sous-préfectures : *Mostaganem, Mascara, Sidi-bel-Abbès, Tlemcen*.

Le département de CONSTANTINE, chef-lieu *Constantine*; sous-préfectures : *Philippeville, Bougie, Bône, Guelma, Sétif, Batna*.

La Tunisie a pour capitale TUNIS, situé au fond d'un golfe.

L'Algérie et la Tunisie exportent du vin, des primeurs, des moutons, du minerai de fer, de l'alfa, etc.

L'Algérie possède un réseau de chemins de fer très étendu. La principale ligne va d'Oran à Tunis par Alger et Constantine.

Le Maroc, capitale FEZ, est le prolongement naturel de l'Algérie-Tunisie. Montagneux au centre et au sud, ce pays présente, sur le versant atlantique, des plaines fertiles. Le sous-sol renferme d'abondants minerais. *Casablanca* est le port français; *Tanger* est devenu international.

46° DEVOIR. — *Il faut vingt-six heures pour aller de..... L'Algérie est divisée par..... en trois régions : le....; les..... et le..... Les principaux cours d'eau sont le..... Les trois départements de l'Algérie sont..... (préfectures et sous-préfectures). Tunis est..... L'Algérie et la Tunisie exportent..... La principale ligne de chemin de fer va de..... en passant par..... Le Maroc a pour capitale..... Ce pays est le prolongement naturel de..... Le principal port est..... Tanger est devenu.....*

AFRIQUE OCCIDENTALE.

COLONIES FRANÇAISES

La France possède :

En AFRIQUE : l'Algérie, la Tunisie et le Maroc, l'Afrique occidentale française, l'Afrique équatoriale française, **Madagascar** et les **îles Comores**, l'île de la **Réunion**, et, à l'entrée de la mer Rouge, **Djibouti**.

L'Afrique occidentale française, cap. *Dakar*, comprend cinq colonies :

1º Le **Sénégal**, capitale *Saint-Louis*, relié à *Dakar* par un chemin de fer.

3º Le **Haut-Sénégal-Niger**, capitale *Bammako*, sur le Niger.

Cette colonie s'étend au delà de Tombouctou jusqu'à la boucle du Niger.

3º La **Guinée française**, chef-lieu *Konakry*, port très fréquenté.

4º La **Côte d'Ivoire**, chef-lieu *Bingerville*, qui a remplacé *Grand-Bassam*.

5º Le **Dahomey**, chef-lieu *Porto-Novo*.

L'**Afrique équatoriale française** forme une colonie distincte, englobant le territoire de l'ancien Congo français. Sa capitale est *Brazzaville*, avec *Libreville* comme port principal.

L'Afrique occidentale et l'Afrique équatoriale françaises produisent le riz, le caoutchouc, le coton, la noix de kola, l'arachide, la gomme et des bois précieux.

Madagascar, île plus grande que la France, a pour capitale *Tananarive*, au centre du plateau de l'Imérina. *Majunga*, sur la côte occidentale ; *Tamatave* et *Diego-Suarez*, sur la côte orientale, sont les meilleurs ports de l'île.

Le riz est la nourriture principale des indigènes.

La **Réunion**, capitale *Saint-Denis*, exporte d sucre, de la vanille, du café et du rhum.

En ASIE, les Établissements de l'Inde : *Pond chéry*, *Karikal*, *Yanaon*, *Mahé* et *Chandernago* (voir page 12), et l'Indo-Chine française, com posée : du **Cambodge**, capitale *Pnom-Penh*; de **Cochinchine**, capitale *Saïgon*; de l'**Annam**, cap tale *Hué*; du **Tonkin**, capitale *Hanoï*; et d **Laos**.

L'Indo-Chine produit le riz, la canne à sucre, poivre, le café, le thé, le coton.

En AMÉRIQUE : la **Guyane française**, colon pénitentiaire, capitale *Cayenne*; les Antilles fran çaises, îles volcaniques dont les principales so la **Guadeloupe**, chef-lieu *Basse-Terre*, et la **Mart nique**, chef-lieu *Fort-de-France*.

Saint-Pierre, la ville la plus importante de la Mar nique, a été détruite, en 1902, par l'éruption de la mo tagne Pelée (voir p. 16).

On cultive dans ces îles la canne à sucre, le caféi la vanille.

Les **îles Saint-Pierre** et **Miquelon** où nos m rins bretons et normands viennent pêcher morue sur les bancs de Terre-Neuve (vo page 16).

En OCÉANIE : la **Nouvelle-Calédonie**, chef-li *Nouméa*, pays essentiellement minier (nickel, fer, cuivre les îles **Loyalty**; les **Marquises**; **Tahiti**; les **Touamoto** les **Gambier**, etc. (voir page 19).

Ces îles produisent le café, la vanille, la canne à sucre, le caoutcho

47º Devoir. — *La France possède en Afrique..... L'Afrique Réunion, capitale..... En Asie, nous possédons......; en Amé occidentale comprend.... Madagascar a pour capitale..... La que, ...; en Océanie,.....*

CAHIERS de GÉOGRAPHIE

SELON LE PROGRAMME OFFICIEL

Par P.-Z. VEDEL, Professeur à l'École Alsacienne

Cahier préparatoire. Termes géographiques.

GÉOGRAPHIE DE LA FRANCE (4 cahiers)

1er cahier. Berges et côtes. — Montagnes. — Bassins.
2e cahier. Versant de la mer du Nord. — Cours d'eau. Ceinture des bassins. — Provinces. — Départements. — Provinces et départements du Nord, de l'Ouest.
3e cahier. Provinces et départements de l'Est, du Centre, du Sud. — Cours d'eau. — Ports maritimes et fluviaux. Frontières du Nord-Est. — Algérie. — Tunisie.
4e cahier. Chemins de fer. — Carte d'ensemble. Canaux.

GÉOGRAPHIE GÉNÉRALE (6 cahiers)

1er cahier. Mappemonde. — Europe physique. — Europe politique.

2e cahier. France. Presqu'île. Scandinave. — Autriche-Hongrie. — Allemagne. — Danemark.
3e cahier. Pays-Bas. — Belgique. — Îles Britanniques. Espagne et Portugal. — Italie. — Péninsule des Balkans. Grèce.
4e cahier. Asie physique. — Asie politique. Possessions russes en Asie. — Possessions turques. Possessions anglaises.
5e cahier. Possessions françaises en Asie. Japon. — Afrique physique. — Afrique politique.
6e cahier. Amérique du Nord physique. — États-Unis. — Mexique. — Amérique. — Antilles. — Amérique du Sud physique. Océanie.

Chaque cahier (16 pages), 10 centimes. — Le cent 9 francs.

LIVRES CLASSIQUES
pour le cours élémentaire

Grammaire Cours élémentaire
par Claude Augé, 180 grav. Livre de l'élève. 0 fr. 80
— Livre du maître. 2 francs

Leçons illustrées de Français
Cours élémentaire, par E. Brunn. Méthode active et expérimentale. 120 tableaux. Cartonné. 1 fr. 20

La Ronde des Saisons
Cours élémentaire, par L. Dumont. Anthologie des poètes du XXe siècle. Nombreuses grav. Rel. paris. 0 fr. 75

Livre de Lecture et de Morale
Cours élémentaire, par E. Devinat. 90 gravures. Reliure parisienne. 0 fr. 75

De Tout un Peu
Cours élémentaire, par J.-B. Tantière. Premier livre de lecture courante. 80 gravures. 0 fr. 70

Premier Livre des Petites Filles
par Clarisse Juranville. 160 gravures. Reliure parisienne. 0 fr. 75

L'Arithmétique au Cours élémentaire
par Laudier et Jacquemet. 100 exercices et problèmes. 82 figures. Cartonné.

Livre prépar. d'Histoire de France
par Claude Augé et Maxime Petit. 200 gravures, tableaux et 15 cartes dont 6 en couleurs. 2 plans en couleurs. Reliure parisienne.

Les Sciences phys. et naturelles
Cours préparatoire et élémentaire, par Devinat. 143 grav. 4 planches en coul. Reliure parisienne.

Les Chants de l'Enfance
par Claude Augé. Premiers principes de musique. 100 chants et couplets. 145 grav. Rel. paris.

Larousse classique illustré
par Claude Augé. 1200 pages, 4150 gravures, 70 tableaux dont 2 en couleurs, 114 cartes dont 7 en couleurs. Cartonné. 3 fr. 50
— Relié toile. 3 fr. 75

Paris. — Imprimerie Larousse, 17, rue Montparnasse.

www.ingramcontent.com/pod-product-compliance
Lightning Source LLC
Chambersburg PA
CBHW060721050426

42451CB00010B/1554